教育部人文社会科学研究项目阶段成果
项目名称：“一带一路”背景下中国传统体育养生文化的创新性发展与跨文化传播研究
项目批准号：20YJC890029

财智睿读

新时代中国传统体育养生文化的创新性发展研究

Research on the Innovative Development of Chinese Traditional Sports Health Preservation Culture in the New Era

王艳红　段倩倩◎著

中国财经出版传媒集团
经济科学出版社
Economic Science Press
·北京·

图书在版编目（CIP）数据

新时代中国传统体育养生文化的创新性发展研究 / 王艳红，段倩倩著．-- 北京 ：经济科学出版社，2024.12.
ISBN 978-7-5218-6610-0

Ⅰ．G804.3

中国国家版本馆 CIP 数据核字第 2024H5Y248 号

责任编辑：冯　蓉
责任校对：杨　海
责任印制：范　艳

新时代中国传统体育养生文化的创新性发展研究
王艳红　段倩倩　著
经济科学出版社出版、发行　新华书店经销
社址：北京市海淀区阜成路甲 28 号　邮编：100142
总编部电话：010-88191217　发行部电话：010-88191522
网址：www.esp.com.cn
电子邮箱：esp@esp.com.cn
天猫网店：经济科学出版社旗舰店
网址：http://jjkxcbs.tmall.com
北京季蜂印刷有限公司印装
710×1000　16 开　11.25 印张　152000 字
2024 年 12 月第 1 版　2024 年 12 月第 1 次印刷
ISBN 978-7-5218-6610-0　定价：68.00 元
（图书出现印装问题，本社负责调换。电话：010-88191545）

序　言

初见王艳红是在2005年的9月，那年新一届的研究生入校，拉开师生互选的序幕。王艳红跑到办公室找到我，开始自我介绍，表示对我的研究方向很是感兴趣，希望成为我的开门弟子。通过短暂的交流，我对她留下了不错的印象，欣然同意她加入我的团队。后因各种因缘际会，我和她的师生关系戛然而止，她被调剂到了另外一位导师门下。

2014年，坚持了四年考博的王艳红，终于如愿以偿，成为武汉体育学院武术学院民族传统体育学博士研究生，成为我的博士研究生，再续师生缘。在其“上下求索”的博士生活中，因我2014年正处于开拓中国传统体育养生文化体系研究的关键时期，故建议其选择一个与此相关的内容进行研究。经过查阅文献、师生充分交流后，王艳红决定从文化结构层面对中国传统体育养生文化的演变进行探讨。自此，她开始从文化层面关注中国传统体育养生文化。新时代背景下我国社会发展的实践需求和群众对健康生活的多重需要，“创新性发展、创造性转化”是当下社会关注的热点，“健康中国”建设国家战略、《中国防止慢性病中长期规划（2017－2025年）》等国家发展规划，都以期最大程度地发挥中国传统体育养生文化的作用来满足人民的健康需求，进而促进文化自信、提高文化认同。基于此，王艳红博士以中国传统体育养生文化为研究对象，以文化三层次结构的视角，窥探中国传统体育养生文化的创新性发展，以期为中国传统体育养生文化的发展奠定良好的理论基础。

中国传统体育养生文化历史悠久，底蕴深厚，其内容涉猎体育学、中国传统哲学、中医学、中医心理学等诸多领域。其代表性的技术载体武术、健身气功当下发展不错，一派红火之象。作为中国传统体育养生文化深耕几十年的老同志，深知一路走来的不易，也憧憬着中国传统体育养生文化发展的美好前景。王艳红博士透过热闹的表象，审视热闹背后的桎梏，发现中国传统体育养生文化无论是在物质层面、制度层面，还是在精神层面，都存在着或多或少的问题，制约着中国传统体育养生文化进一步的可持续发展。唯有突破学科限制，借助当下智能技术的加持，才能让中国传统体育养生文化物质层面的技术、书籍音像、音乐服饰等方面不断出新、出彩。人是所有文化的缔造者，也是所有文化的传承者，人是文化是否能够延续的关键核心要素。加强综合性人才的培养、考核以及相关部门的内外联动，是中国传统体育养生文化制度层面快速调整、完善的方向。凝练中国传统体育养生文化的文化标识，跨领域、跨国别的交流合作，构建中国传统体育养生文化多元实证体系，为世界人民全生命周期的健康提供中国方案、中国智慧，是形而上的中国传统体育养生文化精神层当下需要攻克的难题。

王艳红博士，为人谦虚，为事严谨，为学勤奋。其工作第二年获批教育部人文社会科学研究项目，为师深感欣慰。现其课题的阶段性成果《新时代中国传统体育养生文化的创新性发展研究》即将出版之际，请我作序，我欣然应允。希望王艳红博士在将来的治学道路上继续披荆斩棘，收获满满，不断有新作、佳作。

是为序。

石爱桥

武汉体育学院武术学院教授、博士生导师

2024 年 11 月于武汉

前　言

对新时代中国传统体育养生文化创新性发展的研究是基于新时代背景下我国发展的实践需求和群众对健康生活的多重需要，以期最大限度地发挥中国传统体育养生文化的作用来满足人民需要、促进文化自信、提高文化认同。我们在研究中运用了文献资料法、专家访谈法、德尔菲法、问卷调查法、数理统计法、个案研究法等研究方法，从物质、制度、精神三个层面对中国传统体育养生文化的发展现状进行分析，以期实现探寻未来发展趋势的价值旨归。

通过研究，我们得出以下结论：首先，在物质层面，我们面临着技术动作内容有待进一步丰富、书籍音像材料有待进一步专业化、音乐风格元素有待进一步多元化、服装设计款式有待进一步丰富、现代科技融合使用进一步提升的发展困境；其次，制度层面面临着人才培养模式发展滞后、各部门联动协调配合有待提高、考核制度有待完善的现实问题；最后，精神层面面临着养生理论阐释不足、实证研究方法不全面、中正客观的观念缺乏、文化标识塑造意识薄弱的阻碍。

通过对现状的分析，结合专家意见，本书分别针对三个层面的困境提出以下的创新性发展策略。首先在物质层面：创新技术动作，提升中国传统体育养生文化发展内生动力、丰富书籍音像，激发中国传统体育养生文化发展外在活力、坚持项目特色，重塑中国传统体育养生文化音乐服装载体、丰富服装元素，重塑中国传统体育养生文化服装传承载体、融合科技元素，加快中国传统体育养生文化数字平台布局。其次在制度层面：坚持人才培养，强化中国传统体育养生文化建设人才支撑、加强内外联动，推动中国传统体育养生文化相关部门配合；优化考核机制，强化中国传统体育养生文化组织管理网格。最后在精神层面：阐发理论精髓，提升中国传统体育养生文化新时代引领力、凝练文化标识，形成中国传统体育养生文化新时代话语权、加强科学指导，培养中国传统体育养生文化客观评价态度、丰富实证手段，构建中国传统体育养生文化多元实证体系。

目 录

第1章

绪　论

1.1 选题依据

1.1.1 时代依据

习近平总书记在党的二十大报告中着重强调了坚持“创造性转化、创新性发展”在“推进文化自信、铸造社会主义文化新辉煌”中的重要作用，在中国文化的发展规划上体现出了对传统文化价值的自我认识—自我认同—世界认同的逻辑思路（陆卫明等，2021）。中国传统体育养生文化历史悠久，以健身气功为项目代表的中国传统体育养生文化在当代社会已体现出越来越重要的健康价值与文化意义。在新时代中国文化事业“两创”发展的重要战略导向背景下，中国传统体育养生文化的创新性发展要求其不断契合当今社会的变化与需求，找准自己的角色定位，对自身的内在价值进行多角度挖掘与整理，写好新时代赋予它的使命答卷。

1.1.1.1 新时代中国传统体育养生文化的新责任

新时代的中国经济发展飞速、军事力量强大、科技发展迅速，中国传统体育养生文化所处的地位也随之发生了根本性的变化。中国传统体育养生文化不管是传播内容的凝练抑或是传播方式的创新都呈现出与时俱进的鲜明特征，也彰显出其服务于人民健康、社会治理和文化自信方面的独特优势。

（1）中国传统体育养生文化成为促进人民健康的重要方式

中国传统体育养生文化起源于古代劳动人民群众生活劳作的实践中，关于其祛病的功效在《吕氏春秋》等古籍中均有记载，发展到清朝，它的作用逐渐演变成“延年益寿”。时至今日，中国传统体育养生文化依然是保健、康复锻炼、养生等主要的健康促进手段之一，其发展的首要任务依然是服务于群众的健康。健康的身体是人民群众实现美好生活的前提条件，而中国传统体育养生在发展伊始就以独特的优势吸引世人的眼光，和西方的体育运动相比，中国传统体育养生本身能够产生的健康价值无疑是最多元化的、最全面化的、最彻底化的①。作为一种多向度的文化，中国传统体育养生具有动作技术历史悠久、理论体系成熟的特点，这一特点也使得中国传统体育养生有足够的资源优势助力人们对健康生活的追求，有足够的底蕴参与健康中国的建设，更有足够的能力承担促进人类健康的基础使命和责任。

（2）中国传统体育养生文化成为加强和创新社会治理的重要手段

2020 年，党的十九届五中全会提出“全面推进健康中国建设，实施积极应对人口老龄化国家战略，加强和创新社会治理。”社会结构的

① 明磊，王岗．中国武术的文化使命与责任担当［J］．北京体育大学学报，2017，40（9）：123 – 12.

变迁以及理念的更新为传统体育养生发挥健康促进作用提供了一个良好的契机。有学者指出，体育促进是健康促进中十分重要的手段，社会体育是以一种以提高居民体质为目的、性价比极高的社会健康促进方式（张小沛等，2021）；还有学者认为健身气功等中国传统体育养生项目的传承与推广是当今时代人们健身养生的需要，是我国社会人口老龄化的选择，也是传承传统文化的时代责任（虞定海等，2006）。为了让传统体育能够更高效地嵌入社会健康促进，有学者建议把传统体育以项目化的形式嵌入其中，以教会居民科学的健身技能从而丰富其文化生活，让健身气功完美融入社会健康促进，并在其中发挥作用（尹海立，2021）。

要将中国传统体育养生纳入社区治理体系，从体育活动的角度服务居民、促进健康，以实现社区治理和中国传统文化传承的双赢。

（3）中国传统体育养生文化成为传承民族文化的重要载体

中国文化传承万年，底蕴深厚、博大精深。当下是东西方文化不断碰撞交融的时代，张岱年先生认为“一种有自主意识的民族文化遇上另一种完全不相通的文化时，一般最终结果有三种：一是顾影自怜，结果是不可避免地消亡；二是逐渐同化，结果是丧失民族的独立性；三是取精用宏，壮大民族文化。当中国的传统文化与近代西方文化相遇时，中国必须选择第三条路”①。中国传统体育养生文化自形成以来，在不同时期分别起到了健身、强国、强种的重要作用。立足新时代，中国传统体育养生文化成为传承富有群体气质精神、中华民族特色的载体，成为传承民族文化的重要载体，增强文化自信、弘扬民族文化精神也就成了其新的使命。

1.1.1.2 新时代中国传统体育养生文化的新机遇

中华优秀传统文化是中华民族的文化根脉，继承、弘扬优秀传统文

① 张岱年．中国文化发展的道路［M］．北京：华文出版社，1998：316.

化是当下文化工作的主要方向。结合时代需求和发展实践，推动优秀传统文化的创新性发展与创造性转化，让优秀传统文化在新时代继续焕发光彩，这是文化发展的时代使命。时代需求和发展实践为中国传统体育养生文化创新性发展提供了便利条件。新时代新征程，着眼于我国国情和人民的文化需要，中国传统体育养生文化已经迎来了发展与转变的关键期，我国的现有政策和社会大环境都为中国传统体育养生文化的发展提供了一定的红利。

（1）国家政策支持

对中国传统体育养生文化的理论内涵进行深度挖掘，构建具有中国特色的中国话语和中国叙事体系离不开国家政策的大力支持。大量政策的颁布也充分证明了我国对全民健身的重视（见表 1.1），其中“全民族身体素养和健康水平持续提高①”首次被《“健康中国 2023”规划纲要》定位为国家战略发展目标。该文件还特别指出：“大力发展群众喜闻乐见的运动项目，扶持推广各类民族民间民俗传统运动项目。”② 中共中央办公厅、国务院办公厅印发的《关于实施中华优秀传统文化传承发展工程的意见》提到，积极拯救被边缘化的传统体育养生项目，将其纳入全民健身的伟大工程中来，到 2025 年基本形成中华优秀传承发展体系③，并致力于“构建中国文化基因的理念体系”④。由此可见，民族传统体育养生的健康价值在国家宏观战略层面上受到了充分的肯定和重视。只有文化自信、自强才能给中华民族的发展提供最基本、最深层、

① 国务院办公厅关于印发体育强国建设纲要的通知［EB/OL］.（2019－08－10）［2024－11－10］. https：//www. gov. cn/zhengce/content/2019－09/02/content_5426485. htm.

② 中共中央 国务院印发《“健康中国 2030”规划纲要》［EB/OL］.（2016－10－25）［2024－11－10］. http：//www. xinhuanet. com/politics/2016－10/25/c_1119785867_2. htm.

③ 中共中央办公厅 国务院办公厅印发《关于实施中华优秀传统文化传承发展工程的意见》［EB/OL］.（2017－07－25）［2024－11－10］. http：//www. xinhuanet. com/politics/2017－01/25/c_1120383155. htm.

④ 中共中央办公厅 国务院办公厅印发《“十四五”文化发展规划》［EB/OL］.（2022－08－16）［2024－11－10］. https：//www. gov. cn/zhengce/2022－08/16/content_5705612. htm?eqid＝98f194c400000c7b00000002646b1a8a.

最持久的力量。

表 1.1 关于中国传统体育养生文化发展的政策文件（部分）

时间	政策文件	印发/执行部门
2014.10	《国务院关于加快发展体育产业促进体育消费的若干意见》	国务院
2016.10	《“健康中国2030”规划纲要》	中共中央 国务院
2017.01	《关于实施中华优秀传统文化传承发展工程的意见》	中共中央办公厅 国务院办公厅
2019.09	《体育强国建设纲要》	国务院办公厅
2020.10	《关于加强全民健身场地设施建设发展群众体育的意见》	国务院办公厅
2022.03	《关于构建更高水平的全民健身公共服务体系的意见》	中共中央办公厅 国务院办公厅
2022.08	《“十四五”文化发展规划》	中共中央办公厅 国务院办公厅

（2）群众基础广泛

随着我国综合国力的不断提高，人民群众只考虑是否可以吃饱穿暖的年代已经成为了过去。如今健康逐渐成了广大人民群众的共同追求，而体育活动也成为人们改善体态、健身首选的最经济、最长效的方式，同时有大量的科学数据表明，太极拳、健身气功等传统体育项目对慢性心脏衰竭、冠心病、慢性中风、糖尿病、帕金森、失眠等疾病有较好的预防与缓解作用。传统体育养生以其简单易学、效果显著的特点，不仅充分地满足了居民对于“治未病”的健康需求，而且完美地契合了国家希望通过体育活动来实现“健康中国”的战略构思。

此外，中华传统文化在国际上备受喜爱，吸引了大批国外留学生前来学习交流，实现了当地旅游资源的创收，促进相关人才就业，也为传统体育养生文化的进一步发展提供了良好的市场环境，从多个角度推动中国传统体育养生产业的高质量发展。

1.1.1.3 新时代中国传统体育养生文化亟需创新

（1）承担责任需创新

中国传统体育养生文化作为中华传统文化的组成部分，深入阐发传统体育养生文化精髓，促进其创新性发展是全面建设社会主义现代化文化强国的实践之需。站在新时代的起点上，中华传统体育养生凭借其深厚的文化底蕴和健康价值，以实际行动承担时代的使命。中国传统体育养生文化以习近平文化思想为引领，与多元化的社会需求相契合，满足人们日益增长的健康需求，做好人民健康的“最佳拍档”；以国家文化事业发展战略为导向，坚守中华文化立场，提升中国传统文化的国际影响力，做好中华民族文化自信的重要载体；以社会健康促进为依托，深化阐释中国传统体育养生文化的历史原理与理论内涵，重塑中国传统体育养生文化的新时代生命与活力、缔造中国传统体育养生文化的新蓝海，做好社会治理的“最佳助手”。唯有创新性发展才能实现所愿，创新性发展是必然的选择。

（2）抓住机遇需创新

中国传统体育养生文化在强化自身的前提下，还要善于抓住时代机遇，紧跟国家创新驱动发展战略部署，提升自身创新体系的整体效能，形成具有竞争力的全方位的文化生态系统。扎根中国特色社会主义经济市场土壤，在国家政策的支持下，进行创新性发展，最终成为能够独立面向现代化、面向世界中国传统体育养生文化。

（3）赓续传承需创新

一种文化要进步，除了有不断传承的基本能力之外，还要有包罗万象的博大胸怀以及勇于面向未来的气魄与果敢。庞朴先生在《文化的民族性问题》一书中说：“要结合时代变化进行冷静分析，抛弃不合理的，传统不致一足落网而全身受缚，接受合理的，传统与现实相安无事。让一切合理的都成为现实的。”[①] 目前，中国正处于迈向第二个一百年奋斗目标的关键时期，中国传统体育养生文化也随之面临着险峻的时代考验，如何在世界各国文化博弈的浪潮中形成属于新时代的、国际化的中国传统体育文化体系是亟须思考的方向。

1.1.2 现实需要

1.1.2.1 助力中国传统体育养生发展的需要

2019年中共中央、国务院颁布的《关于促进中医药传承创新发展的意见》提出：“大力普及中医养生保健知识和太极拳、健身气功（如八段锦）等养生保健方法。”[②] 随着人民日益增长的体育健身需求，中国传统体育养生重新回到时代场域中，中国传统体育养生的发展路径得以拓宽，中国传统体育养生的葳蕤蓬勃也必将为体育强国建设、健康中国建设汇聚起一股深厚且磅礴的力量。

1.1.2.2 推动中国传统体育养生文化传承的需要

以中国传统哲学和传统医学为指导思想的中国传统体育养生文化汲取诸子百家的实践经验流传至今，可以被称为“活的人文遗产”，基于上述原因，通过本书的研究，希望能够为中国传统体育养生文化耕耘好传承与发展的文化土壤，取其精华，去其糟粕，并赋予其新时代的新内容，让古老的中国传统体育养生文化在新时代继续燃灯。

---

① 庞朴．文化的民族性问题［M］．合肥：安徽教育出版社，1999.

② 中共中央 国务院关于促进中医药传承创新发展的意见［EB/OL］．中国政府网，(2019－10－20)［2024－11－10］．http：//www.gov.cn/gongbao/content_5449644.htm.

1.2 研究意义

厚植沃土，萃就精华。丰厚的历史财富让我们从容面对一切难题，浩瀚的历史智慧让我们海纳百川、奔向美好未来。传承不易，创新犹难，希望通过本书对中国传统体育养生文化创新性发展的探究，为中华民族文化自信写下务实担当的生动注脚。

2020 年新冠疫情肆虐期间，武汉方舱医院的健身气功·八段锦屡屡登上热搜榜，成为新晋的“网红”选手。在这一特殊时期，以太极拳、健身气功等项目为代表的中国优秀传统体育养生文化在全民的居家防疫过程中为群众筑牢健康之基，补足精神之钙。现如今，各族人民仅满足于吃饱穿暖已经是过去式，追求高品质的生活才是现在全社会人民的选择共识。在这样的社会背景下，中国传统中医、传统养生、传统体育养生又重新地回到了这个时代的文化场域中。作为中华民族活态人文遗产的传统体育养生文化想要更好地服务于群众，就必须与时代的发展需求相契合，在新发展理念的指导下，让创新激荡起发展的春潮。本书的研究中积极探寻与新时代相适应的传统体育养生文化发展方向，以期为人民在追求健康养生的道路上提供更科学、更可行的手段。

躬逢盛世，这是属于中国传统体育养生文化的时与势；万里路遥，这是赋予中国传统体育养生文化的担与责。

1.3 研究框架

本书的研究框架如图 1.1 所示。

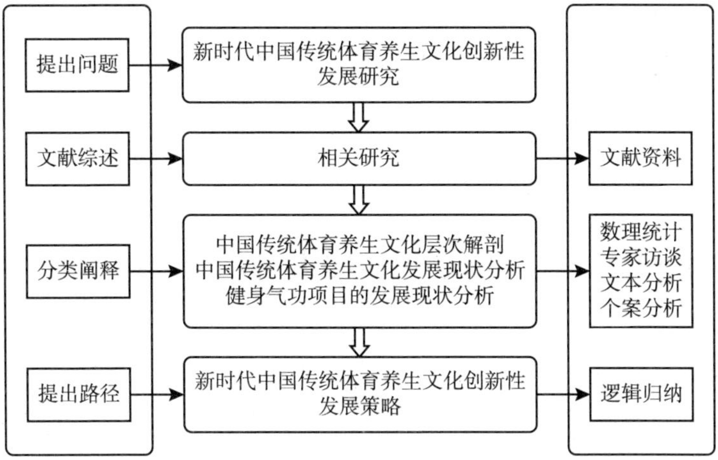

图 1.1 研究框架结构

1.4 研究的难点与创新点

1.4.1 研究的难点

笔者在做调查走访时正值新冠疫情，使得线下访谈与深入基层走访调查的行动受到一定限制，以至于在研究中了解到的情况可能还是存在着一定的片面和不足。而且本书是研究中国传统养生体育文化发展的前沿性问题，既需要对影响其发展的外在因素（如社会因素、经济因素等）进行横向分析，同时也需要对中国传统体育养生文化自身的因素进行纵向把握，需要将眼光放在总揽全局的高度，以笔者目前的能力来说还留有很大的论域和纵深的空间。

1.4.2 研究的创新点

1.4.2.1 选题视角创新

学术界关于中国传统体育养生文化与“两创”的研究内容还相对

较少，本书将中国传统体育养生文化与创新性发展进行有机结合，且从实践中找到具有可操作性的发展策略，为中国传统体育养生文化的传承与推广提供有益探索。

1.4.2.2 研究逻辑创新

纵观以往的研究，专家学者们多是将传播方式、传承内容、管理机制、科研实证等方面作为切入点进行研究的，在一定程度上为本书的开展奠定了一定的理论基础。但是这些研究都是围绕某一个角度进行的，尚且没有一种从文化整体的角度去把握中国传统体育养生文化的发展脉络。故此，本书从文化的整体出发，结合中国传统体育养生文化的发展现状以及新时代的需求，提出创新性发展的策略。

第2章

研究综述

2.1 理论基础

2.1.1 创新理论

20 世纪初，《经济发展理论》一书中引出“创新”一词的概念，逐渐发展了创新理论。创新理论被总结为以下五个方面：第一是引入新产品或提供产品的新质量；第二是采用新的生产方法；第三是开发新的销售地区；第四是获得新的供应来源（多指的是原料或半成品）；第五是运用新的组织形式（熊彼特，1912）。

中国传统体育养生文化是中华民族生产的“产品”，以往的“消费者”均是中华儿女，但是随着社会的不断发展，该“产品”的“销售范围”已经立足中国、面向全世界。创新理论带给本研究有几点启示：首先，研发中国传统体育养生文化的新“产品”、创新传播方式，让该“产品”深受更多“消费者”的欢迎；其次，开辟中国传统体育养生文化更大的市场，使中国传统体育养生文化有更大的“销售范围”。

2.1.2 文化层次理论

通过查阅文献与书籍、对专家学者们对文化层次结构研究进行分类与归纳，笔者概括出了现有的文化结构层次分类，主要有以下几种：第一种，两层次说，分为物质文化和精神文化；第二种，三层次说，分为物质文化层、制度文化层、精神文化层；第三种，四层次说，分为物质文化层、制度文化层、风俗习惯文化层、思想与价值文化层；另外还有分为物质、社会关系、精神、艺术、语言符号、风俗习惯的六大子系统说。目前被国内外学者们认同并引用最多的是文化三层次说，即：物质文化的产生是人类生产活动作用于大自然的结果；制度文化的产生是作用于社会的结果；精神文化的产生是作用于本身的结果（齐冬红，2006）。

对于本书的研究而言，两层次说太过笼统，不便于展开详细论证。四层次说与六层次说则又过于细化，其中风俗习惯、艺术、语言符号等是基于其他文化层的内容，并随其他文化层的变化而变化，其本身不能主动发生变化，并引起其他文化层的变化。而三层次说，既简单明了文化结构，又客观反映了三者之间的相互关系。基于研究的现实需要，本书采用了文化三层次说理论，将中国传统体育养生文化分为 3 个层次，如图 2.1 所示。物质文化主要是指中国传统体育养生文化的技术动作、音乐、服装、书籍音像材料等；制度文化主要是指竞赛规则、管理部门的规章制度、人才培养模式等；精神文化主要是指理论阐释、养生思想研究等。

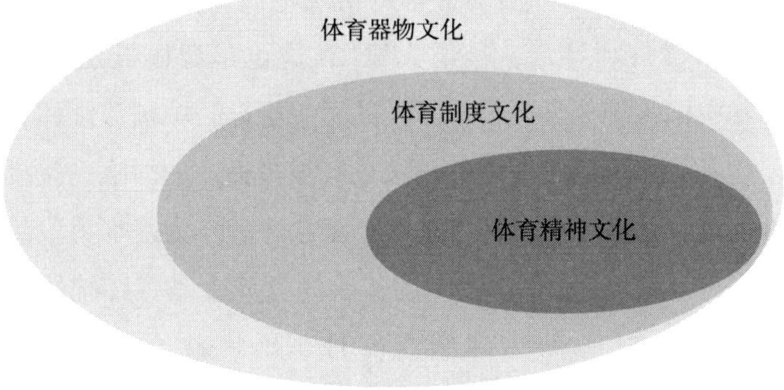

图 2.1 中国传统体育养生文化剖析

2.2 相关概念界定

2.2.1 新时代

党的十九大报告明确指出：中国特色社会主义进入了新时代。“新时代”一词出现后，众多学者从时代内涵、时代特征以及时代使命等不同角度对其展开一系列的解读，在本书中对新时代的界定是围绕时间的发展阶段开展的，即新时代是指以党的十八大作为起点，也是中国社会全面发展和深刻变革的伟大时代（谢新峰，2019）。

2.2.2 中国传统体育养生

体育养生，指的是身体练习或运动的养生理论和技法体系。在我国古代的养生文化体系中也存在以中国古代哲学、医学为理论基础的相关内容，其隶属于中国传统养生的范畴。

中国传统体育养生是中国传统养生学中最重要的一部分，“消肿舞”是关于传统体育养生活动最早的历史记载。其在《路史》中被记载为“教人引舞以利导之，是谓大舞”，这也是我国导引术的原始雏形。凭借着中国传统医学与传统哲学的思想指导，中国传统体育养生流传至今，学者对传统体育养生的定义也有很多种。如胡晓飞教授认为传统体育养生是以身体运动、调息练习、意念活动作为基本手段的锻炼方式（胡晓飞，2007）。还有学者认为传统体育养生是将传统体育和养生二者结合起来，目的是达到修身养性、延年益寿的功效（魏刚，2013）。邱丕相老师认为传统体育养生是指通过人体自身的身体训练、调整呼吸、意念控制使身体和心互称一体，以期实现提高人体机能，激发内在潜力，防病、益智、延年（邱丕相，2007）。这也是目前学术界认同程度最高的一种定义。其内容包括导引和武术两部分，但是从目前的研究倾向来看，传统体育养生的发展领域主要是传统导引功法，所以在本书中涉及的传统体育养生也是以健身气功为主。

由此，本书中的中国传统体育养生是指建立在中国古代传统哲学、传统医学理论基础之上，以国家体育总局健身气功管理中心组织编创并推广的健身气功功法为载体，用调身、调息、调心（合称三调）的基本手段来培补元气、平衡阴阳、疏通经络、调理脏腑，以提高生命健康水平、激发身体内在潜能的养生理论和技法体系。

2.2.3 传统体育养生文化

在春秋战国时期，“文”这个词是由“以观人道，以化天地”中的一个词演变而来，至西汉，“文”与“化”合二为一成为一个整合词，释义为动词，在后来汉语中的解释多专注于精神和人文。我们今天使用的“文化”是一个舶来词汇，多指的是“耕作、居住、动植物培育”之意。“文化”这个词最早是由“人类学之父”爱德华·泰勒提出来的，其内涵十分丰富，外延十分宽泛，包括了知识、信念、艺术、道德、法律、习俗等为人所认识、所接纳的各种才能、习俗等（爱德华·泰勒，1992）。进入20世纪70年代后，“文化”的使用频率变高，同时歧义也较多，所以马克思主义理论家对文化做了新的解释，我国的《辞海》也沿用了这种说法：广义上指的是人类在社会实践中所创造的物质和精神财富的总和；狭义上指的是以社会的意识形态为主要内容的价值体系以及与之相适应的制度和组织机构。

鉴于此，笔者认为，本书中的中国传统体育养生文化主要是指由以中国古代传统哲学、传统医学为主要指导思想，以国家体育总局健身气功管理中心编创并推广的健身气功功法为载体，以调身、调息、调心（合称三调）为基本运动形式的养生理论和技法体系所产生的物质层面、制度层面、精神层面的内容总和。

2.2.4 创新性发展

创新性具有破旧和立新同时并存的基本特点。传统文化的创新性发展是基于时代的进步与发展，以创新作为手段，以发展作为目标，结合时代需求对中国优秀的传统文化进行理论内涵的丰富、实践的完善，达到提高影响力的价值旨归（中共中央宣传部，2016）。近几年，创新性发展在会议上的使用频率逐渐升高，其内涵也呈现了一个不断丰富的趋势：第一，其政治性的内涵，创新性发展是目前中华优秀传统文化传承不易、深陷发展困境的政治回应，具有清晰鲜明的问题意识和变革指向（李新潮，2021）；第二，其学术性的内涵，是当代中国学术界对于中华优秀传统文化理论传承的时代回应，它具有独特的理论内涵、深厚的思想积淀，以及自身已有的话语范围。有学者还指出，传统体育养生文化要有鉴别地对待、有扬弃地继承，发展的目标要与当代文化相适应、与现代社会相协调。在此基础上，有学者在广义和狭义两个方面对创新性发展进行了界定：广义层面上是在人类文明互相交融、影响的新时代发展背景下，“中华文化”乃至“中华文明”的发展走向问题，更甚者则是整个中国特色社会主义文化的建设和发展，关系到整个中国式现代化的问题；狭义层面上是指“传统文化”的传承发展问题（谢新峰，2019）。

基于此，本书中的创新性发展指的是在新时代人类文明交流互鉴的背景下，结合“两有”“两相”，处理好传统体育养生文化在继承与创新二者之间的关系，对优秀的传统体育养生文化的内涵加以补充、拓展、完善，扩大其影响的辐射范围。

2.2.5 传统体育养生文化创新性发展

传统体育养生文化具有深沉的文化积淀，只有创新才能得以保存与发展，况且导致文化发生变迁的外部诱因是传播与涵化，导致文化发生变迁的内部诱因与根本动力是创新，这也是中国传统体育养生文化保留“自我”、避免被同化的法宝（梁自玉，2010）。

黄贤秀（2021）指出促进齐鲁武术文化创新性发展是指利用新技术、新方法，创新发展平台和方式，促进齐鲁武术文化多方面融合发展，使其完成自我超越，发挥更大的或新的价值效用，满足人们的文化与健康需求，服务于现实社会的发展需要。顾慧慧（2020）认为传统体育养生文化的创新性发展则是指结合新时代的发展要求，在原有基础上尝试新的发展方式，实现其在新时代需求下价值的延伸与拓展，不断丰富文化内容，实现最大程度地发挥传统体育养生文化的综合价值。

鉴于此，本书的传统体育养生文化创新性发展是指根据新时代社会实践的需求，将国家体育总局健身气功管理中心编创并推广的健身气功功法作为研究载体，在激发中国传统体育养生文化生命力的前提下，从物质、制度、精神三个层面对其内涵范畴和外延样态加以拓展和完善，并将中国传统体育养生文化放置于世界文化图谱中，重新思考其发展方向、定位其地位和价值从而创造出新的成果。

2.3 文献综述

2.3.1 关于中国传统体育养生文化的相关研究

“中国传统体育养生文化”是一个囊括内容繁多、范畴比较宽泛的词语，针对“中国传统体育养生文化”展开的相关研究也比较多，研究的范式、维度、成果等不尽相同，基于此，本书从中国传统体育养生文化理论、中国传统体育养生文化社会效用、中国传统体育养生文化传承发展三个维度对其进行研究概述。

2.3.1.1 中国传统体育养生文化理论的相关研究

（1）中国传统体育养生文化的历史源流

中国养生文化源远流长，就其起源与发展，许多学者依据不同的划分标准，做出了不同的阶段划分。

一是专著和相关教材的阐述。学者们通过不同的研究范围与划分标准，对传统体育养生文化的历史分期进行了不同的定义。《中国古代养生史略》（周际明，2009）将中国古代养生文化的发展分为 7 个时期，分别是上古、春秋战国、秦汉、魏晋南北朝、隋唐、宋元和明清时期。《中国传统体育养生学》（全国体育学院教材委员会审定，2007）一书则是将其划分为了 5 个时期，分别是古代发端期、初步形成期、充实与发展期、兴盛期、转型与新生期。

二是期刊学者也从其他方面进行了相关阐述，如源头论、中华民族历史发展脉络、客观历史学、社会需求观等。滕树云、李向阳（2016）和谌俊斐（2000）均从源头论的维度对中国传统体育养生文化的起源进行分析，认为主要源头是远古时期人类的保健活动、次要源头是远古巫术和神仙术。焦晓霞（2018）则是将中国历史与文化的流变作为切入点，得出中国传统体育养生文化的发展始于华夏的兴盛时期。王楠（2006）还从客观历史学的角度入手分析，认为将中国传统体育养生文化的发展应分为萌芽期、雏形期、基本理论形成期、发展充实期、基本成熟期、新发展时期，指出其起源于人类同大自然的搏斗中，在夏商西周时期因《周易》的问世而初具雏形，在春秋至秦汉时期基本理论形成，魏晋南北朝时期因中医理论的注入得到充实，宋元明清时期，创新颇多，是中国传统体育养生文化发展的黄金时期，改革开放更是为其开辟了新的发展契机。

王艳红、石爱桥（2018）从社会需求的方向出发，认为原始社会时期是中国传统体育养生文化发展的起点，是人们为了提高抵抗疾病而不断探索的自我保健的方法，在封建王朝时期一度被用来对长生的极致追求，新中国成立后，中国传统体育养生文化的发展任务发生了变化，不仅承担了促进群众自我康健的作用，同时还肩负起中华民族文化复兴的重任。董跃春（2020）从社会发展和人民需求的角度着眼，将中国传统体育养生文化的发展分为萌芽、革新、调整、重构、改造期 5 个阶段。与前人研究不同的是董跃春将 1840 ~ 1949 年这百年时间划分为调整期，这时传统体育养生文化的发展任务逐渐变化为强健体魄、保卫家国，养生文化转化成为健体文化，出现了由静到动的根本变化。

先秦时期或远古时期是中华文明的奠基期，中国传统体育养生文化在这个时期开始萌芽并且得到初步发展，在封建统治时期得到进一步的充实与发展（王艳红、石爱桥，2018），新时代在党和国家政策的大力支持下，中国传统体育养生文化正在以崭新的面貌走向未来。

（2）中国传统体育养生文化的思想内涵

传统体育养生文化思想内涵丰富，涉及传统哲学、传统医学、儒家、道家等各家的养生观等，不同学者形成了相对普遍的认知。以先秦时期的各家思想、古代巫术、方士等实践活动作为基础，最终形成了外强形体、内静养神、形神共养[①]这一我国特有的健身方法及其思想内容体系（赵文楠、张美玲，2011）。

还有学者从中国传统体育养生文化与其他内容结合的角度入手进行分析。如金爱娜（2013）从传统体育养生文化和古代医学思想相结合的角度入手，认为其内涵是内养神、外养形，使神形相济。通过运动内练一口气、外练筋骨皮来增强体质，提高机体的经络、脏腑新陈代谢能力，延长寿数。吴瑕（2015）以及罗琪、李军（2018）则是从传统体育养生文化与现代社会结合的角度进行分析，认为其基本内涵为人们在长时间的社会生产生活过程中，人类运用一系列的运动方法，如调整形体、调整呼吸、调整心情等，从而使人类养成一种稳固的世界观，养成一种良好的生活习惯、一种健康的处事方法、一种正确的交际方法，这些方法相互联系、相互影响，从而达到预防、治疗疾病、延长寿命、促进身体健康的目标，这就是中国传统的健康与健康的特点。

（3）中国传统体育养生文化的养生原理

随着时代的发展，中国传统体育养生文化以崭新的面貌又重新回到了人类的生活中，其养生机理和锻炼效果逐步成为研究的热点，不同学者从不同研究角度切入进行阐述。

李文川、刘春梅（2017）认为与中华民族追求“和合”的境界一样，传统体育养生坚持适中的锻炼原则、秉持“血脉流通”的内在机理。穆长帅、王震（2011）认为导引术和经络学说同源互补，并在经络学说方面阐释将人体经络的气血流注和肢体牵伸相结合可以促进血脉流通；滕小霞（2020）从阴阳理论的角度对养生机理进行分析，认为阴阳消长、阴阳转化、阴阳互根、阴阳对立的变化为体内气血运行奠定基础，为进一步刺激脏腑开辟道路。（华宏县、卢文云，2022）从现代医学的角度对传统体育养生文化养生原理进行阐述，指出坚持长周期的

---

① 崔永胜，周东，王保军．“动形养生”基本思想及其基本内涵［J］．山东体育学院学报，2007（5）：42.

健身气功锻炼可以修复和调整自主神经，对感觉、运动、思维能力有明显改善作用，还可以显著增强肺部功能、降低血清雌二醇，有效抗衰老。

2.3.1.2　中国传统体育养生文化社会效用的相关研究

（1）中国传统体育养生文化的健康促进功能

基于“不治已乱治未乱”的哲学思想、“不治已病治未病”的预防思想，传统体育养生演变出“未病先防”的养生思想。社会不断革新，人类的生活方式、生活习惯都在发生着变化，对健康的关注与需求也越来越高（贾天奇等，2008），医学理念逐渐转向以预防为主（贾天奇等，2007），而传统体育养生疗法的本质就是“治未病”，也就是人们常说的预防疾病（罗琪、李军，2018）。

有学者在对 100 名大学生进行健身气功・八段锦的干预后，发现他们的肺活量、立定跳远、握力等测试成绩都有小幅上升。提起失眠、肩颈不适等亚健康的“文明病”，西方的健身运动对其缓解略显无奈，于是有学者通过对大学生进行八段锦 18 周的实验干预，使其亚健康症状基本消除率达 44.9%（官铁宇，2013），除此还对其心理健康有显著的促进作用（万瑜，2011）。有学者证明健身气功对缓解人体部分亚健康症状有正面的干预效果（钟爽川，2009）、对改善中老年人身体素质和身体机能的效果较好、对心理和社会适应也起到了积极有效的促进作用（张鑫玉，2014）。还有学者通过针对肩颈亚健康人群进行研究发现，健身气功练习主要是通过对颈腰部关节进行运动，对运动中所涉及的肌肉群进行静力性牵引和拉伸，对改善肩颈部亚健康状态有一定的帮助（王榕，2017；马多玲，2015）。

有科学研究证明：传统体育养生因其动静相兼、松紧结合的特点比单一化的锻炼血液循环的促进效果更明显（Shirley et al.，2014），因此，传统体育养生以其锻炼保健的辅助效果走进了大众视野。有专家学者从中国传统体育养生对高血压等心血管疾病影响的角度进行了科学研究。孙晓琳等（2018）通过对中老年人进行健身气功・六字诀的干预后发现，其血糖浓度、血浆黏度数值都出现了一定程度的回落，针对这个实验结果除了考虑功法干预的影响外，也有国外专家用呼吸锻炼能增加呼吸肌的力量与耐力（Carla et al.，2018）或者通过锻炼调整了呼吸频率使心情得到放松，调节了器官和自主神经（Qing Wu et al.，2020）来解释。在对高血压患者进行传统体育养生的干预实验证明与单独使用地平类降压药物对比后发现，锻炼联合地平类降压药物对肝火亢盛的高血压病人的降压效果和中医症状的改善更为显著（杨光，2017），还对血液流变性的干预有效（俞佳佳，2018），在一定程度上对白细胞计数与血红蛋白水平有明显的改善效果（Tzu-Yun Chuang et al.，2017），对改善中老年血脂浓度有积极作用（周小青，2003）。国外学者发现太极、气功能使鼻咽癌幸存者在心舒期的血流速度增高，有效地降低了动脉血流的阻力，患者的功能性有氧能力增强（Shirley S M Fong et al.，2014）。

还有专家学者从中国传统体育养生对糖尿病、呼吸机能、腰椎疾病等疾病的影响进行科学研究。苑朝霞（2011）经过实验得出健身气功·五禽戏的干预对心肺血管机能、呼吸机能的改善效果较明显。通过对慢性腰痛患者进行个案研究，实验结果为腰椎活动范围、平衡能力、功能障碍指数（ODI）指标有明显的改善，证明健身气功对腰椎活动范围、平衡能力的指标和生存质量的各领域有积极影响（项宇琼，2019）。还有学者对实验组进行健身气功锻炼干预，实验结果可证明健身气功锻炼对改善2型糖尿病患者的步态指标、提高2型糖尿病患者的平衡能力、身体稳定性具有积极影响（肖参参，2021），还可以有效改善2型糖尿病合并高血压患者的血压水平，降低2型糖尿病合并高血压患者肥胖等危险因素（陈知昌，2016）。

综上所述，民族传统体育健身气功的练习对心血管疾病、血脂异常、慢性腰痛、呼吸机能、糖尿病等慢性疾病有着显著的治疗效果。

（2）中国传统体育养生文化的社会促进功能

在不同时代和人民的需求下，传统体育养生逐渐发展、丰富，形成了独具东方特色的中国传统体育养生文化，针对传统体育养生文化的深层发展离不开中国传统体育养生项目的继续挖掘（王莹、陈鹏，2011）。有学者就当前社会的时代背景以及经济发展水平进行分析总结出：传统体育养生文化具有两种主要的经济价值，一是缓解社会矛盾，二是推动传统体育资源的产业发展；同时还具有提高生命健康质量、缓解社会医疗经济压力的社会经济价值，促进社会和谐、人际交往、人与自然和谐共处的社会价值（魏胜敏，2012）。还有学者认为传统体育养生文化是中华民族的突出优势[①]，在全民健身开展得如火如荼的今天，中国传统体育养生文化不仅满足了人民群众生理角度强身健体的需要，还可以在心理方面进行自我调节的需要（张斌等，2005）。

传统体育养生文化是中华文化传承的一条特殊脉络，是中国人民智慧与文明的结晶，更贴近人们的现实生活，具有宝贵的、独特的文化因子与价值范式。

2.3.1.3　中国传统体育养生文化传承发展的相关研究

（1）国内传承

经过笔者的走访调查，在中小学校开设课程较多的为明目功、少年版五禽戏、武术操等，且在教学过程中多注重了技术动作路线的教学，忽略了传统体育养生文化本身的价值。在高校开设传统体育养生课有助于促进大学生身心健康，使其树立终身体育的思想，形成正确的人生观，完善知识结构和拓宽思维，进而弘扬民族文化。除此之外，对于医学生来说还可以保障未来工作需求（张津宁，2014）。但是就目前来看，在全国普通高校中开设或准备开设的中国传统体育养生类课程的比例并不高，如S省内仅有××师范大学和××大学两所学校开设了健身气功课程。中国传统体育养生虽然具备了进一步开展教学的良好社会氛

---

① 习近平．习近平谈治国理政［M］．北京：外文出版社，2014.

围和比较可观的发展前景，但是发展现状却并不理想，主要表现在培养过程中没有根据实际情况对培养目标进行细化、课程开课率较低、师资相对不足、教师开展科研与竞赛等活动不多、信息渠道不畅通等方面（项汉平等，2013）。

在全民健身的任务要求下，体育工作的最终目的和核心价值就是以人民健康为中心、解决人民需求、更好地服务人民。随着全民健身工程的深化实施，有越来越多不同职业的社区居民加入健身气功队伍中来（沈娟，2013），其中站点就是最主要的基层组织之一。有学者以成都地区为研究范围，发现成都市共有 53 个健身气功站点，受众较多，但受众面小，社区练功居民的年龄状况呈现出中间多、两头少的特点，并且还存在推广内容较单一化、社区内健身气功管理不健全、缺乏练功资料和专业的社会体育指导员（葛森，2012）等问题。

（2）对外推广

中国传统体育文化的国际化传播的实践有着悠久的历史，汉、唐、宋时期留下了大量的传播史实。新中国成立之后，传统体育养生文化成为国家对外的“发言人”之一。在目前世界范围内，体育文化的传播具有“全球化、民族化、商业化、系统化”的特征，民族传统体育养生文化的传播也同样面临这样的问题（弗雷德里克·詹姆逊，2002）。王岗等（2005）提到“在武术的国际化传播过程中，对“武术传统”和“传统武术”两者之间存在的认知错误，造成了如今武术发展的进退两难”。

如图 2.2 和表 2.1 所示，通过构造可视化关键词发现网络，我们可以了解到关于中国传统体育养生对外推广的相关研究可以大致分为 9 个聚类，其中，以传统体育、文化传播、国际化、中国武术的研究居多。体育文化、传统体育、文化传播、国际化、中国武术等关键词的中心性较高，相关研究的权威性也相对较高。

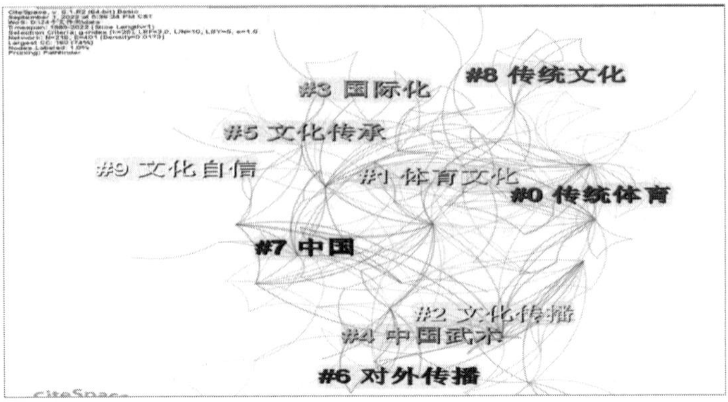

图 2.2　关键词聚类图谱

表 2.1　　　　　　高频关键词和高中介中心性关键词

数量	中心性	关键词
18	0.24	体育文化
17	0.24	传统体育
11	0.24	文化传播
16	0.17	国际化
7	0.11	中国武术
5	0.10	发展

据不完全统计，最近几年，海外侨胞健身气功习练者有了较为显著的增加，“报刊书籍”“互联网”“宣传活动”等是目前海外侨胞获得有关健身气功的信息的重要渠道（裴涛，2018）。有学者总结：首先，中国民族传统体育在器物层传播依然是以技术动作的教学传播为主；其次，制度层是比赛与裁判标准的传播效果比较好，但“段位制”“裁判证”等证书的考核制度难以推广；最后，精神文化层在海外传播的现实状况不容乐观，就中国民族传统体育中专业术语而言，其在海外的文化传播过程中几乎已经丧失殆尽（刘小学，2012）。针对精神层面的传播情况，有专家认为可以预见中国传统体育养生文化所蕴含的价值范式会

和异种文化产生一定的文化碰撞（王艳红等，2017）。但是也有专家持有不同的意见，即海外传播主要是技术的教学，至于文化精神能接受多少，或者以什么形式接受，都是值得尊重和认同的（温力，2018）。中国民族传统体育养生保护传承与海外传播是共生共长的。

从以上研究可以看出，学者们在历史源流、思想内涵、养生原理、健康促进、社会促进、国内传承、对外推广等几个方面对中国传统体育养生文化进行了研究。就目前的研究现状来看，关于中国传统体育养生文化理论内涵方面的研究尚不深入；关于其健康促进功能的科学实证研究虽然在国内外起步较晚，但是进程推进迅速且多数是基于现代医学数据检测的基础上进行的；另外，学者们在探究对外推广的问题时提出了有不同的意见，有学者认为对外传播主要还是中华文化精神的传播，与之不同的是有学者认为海外传播主要是技术的教学，文化精神能接受多少、以什么形式接受都是值得尊重的。

2.3.2 关于新时代中国传统体育养生文化创新性发展的相关研究

2.3.2.1 新时代中国传统体育养生文化创新性发展的相关研究

时代是思想之母，实践是理论之源。新时代中国特色社会主义建设对文化建设提出了新的要求，中华优秀传统文化具有日益重要的现实意义。因此，如何对其进行创新性的发展，是当前我们国家文化建设的重要内容之一。在新时代背景下寻求新的历史定位，李爱增等（2020）分别从历史、文化、价值、实践四个观点入手，展开对中国武术的创造性转化与创新性发展的研究，对中国武术文化的层级结构及其内部逻辑作出全面的科学判断，并对其理论依据作出解释。李建威（2020）则认为要首先摒弃武术中封建、落后的部分，以新时代的表现方式，继承武术所蕴含的优秀内涵价值，适配新时代的实践需求、结合现代科技，革新传统武术文化，使其具有更强的时代性、时代价值，树立武术的文化自信，从而为弘扬中华优秀传统文化、服务于中华民族的伟大复兴提供一种科学的理论依据。

吴明冬等（2022）对新时代少数民族武术的“两创”发展提出创新发展模式、治理观念，建立文、体、旅、教等多部门协同治理的工作机制。黄贤秀（2021）认为要转变发展理念模式、搭建武术文化教育平台、提升齐鲁武术现代治理能力；阐释构建理论体系，增强齐鲁武术时代话语权和感召力。杨春（2021）以文化产业学理论以及文化资本理论为理论基础，对峨眉武术文化资源向文化资本转化的进程展开探究，并结合现状提出了具体的实践路径，即实施峨眉武术文化资源的分类整理、开发利用、整合营销，开发核心产业、加强基础产业建设、持续产业业态延伸实现峨眉武术文化资源的增值、可持续发展，从而推动峨眉武术文化资源“两创”发展。

截至2022年，以创新性发展和传统体育养生文化为主题词进行文献的检索，通过运用基于JAVA编程语言的CiteSpace软件进行Timezone view分析后，将每年的研究热点进行归类汇总，汇总结果如图2.3所示。

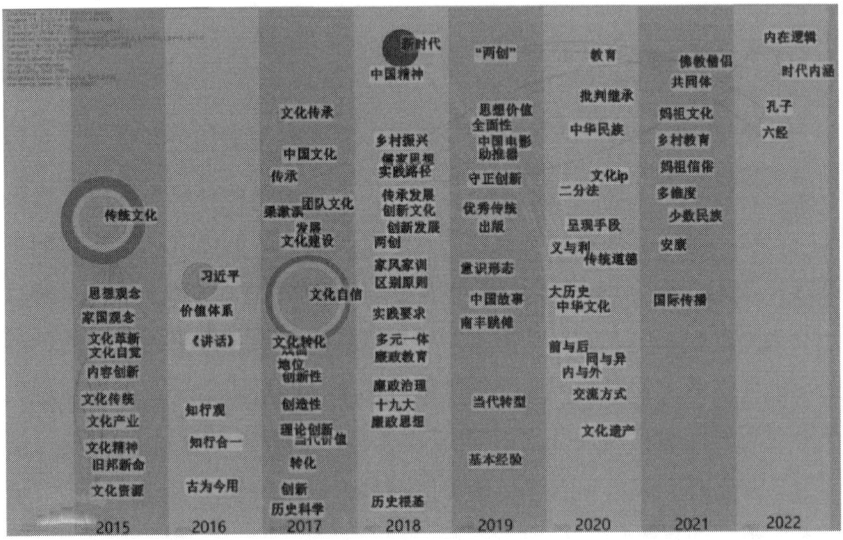

图2.3　关键词时区

运用 CiteSpace 软件中的突现词侦查（burst detection）功能，以关键词频率的变化时间和趋势为依据，来对该领域的前沿主题进行判断（赵蓉英等，2010）。经分析图 2.3、图 2.4 可知，近几年，关键词“两创”“中华文化”“中华民族”“文化 ip”变化频率较高、频次增多，可见两创发展、文化自信等逐渐成为我国传统体育养生文化研究的前沿主题。

关键词	年份	影响力	开始时间	结束时间	2014~2022年
文化传统	2014	1.03	2015	2017	
发展	2014	1.31	2017	2018	
转化	2014	0.98	2017	2018	
创新	2014	0.61	2017	2018	
中国文化	2014	0.32	2017	2019	
新时代	2014	1.78	2018	2020	
儒家思想	2014	0.47	2018	2019	
“两创”	2014	0.63	2019	2022	
中华文化	2014	0.84	2020	2022	
中华民族	2014	0.84	2020	2022	
文化ip	2014	0.84	2020	2022	

图 2.4　关键词突现

2.3.2.2　新时代中国其他传统文化创新性发展的相关研究

（1）机制结构创新

传统文化适配新时代的社会需求，比如进行创新性发展。要将其从“垂直传承机制”向“立体传承机制”转化，既要从纵向上、横向上和空间上对传统文化进行系统化的全方位的传承，让其在当下社会环境中重新焕发生机，实现可持续发展。同时，也要将其从“个体”机制向“国家—社会—个人”综合机制转化（郗戈等，2017），即要将传统文化融入社会发展中，推动文化创新，增强文化自信。除此之外，还要搭建优秀传统文化在新时代传承与创新人才培养协同推进机制（林青等，2017）。

传统金缮工艺、戏剧、刺绣、汉服同传统体育养生文化一样都是我国传统文化。有学者以传统手工艺的保存和应用为基础，结合国内外非遗的实践经验对传统金缮工艺进行创新性的研究，得出了以下五条基本原则：以传承为基础、坚持核心理念与原始功能、整体性保护、扎根现实生活、双向发展。同时，其还将文旅融合、传统文化教育、文化 ip 产业、文化创意产业开发等理念相结合，基于金缮工艺在现代生活中的适用性，对金缮工艺和类似于其没有被列为非物质文化遗产的传统工艺，提出有针对性的建议：传承为先的保护之路、教育为根的重塑之路、旅游为系的传播之路、ip 为引的再生产之路（任颖，2020）。

同样的，一些学者曾对中国戏曲的创新发展进行了深入的研究，他们提出了戏曲的“再造之路”，旨在建立一种艺术语言和演出的创新机制，以提高中国戏曲的艺术水平和文化影响力。这种创新机制可以有效地提升中国戏曲或话剧的表现能力，激发观众的参与热情，提高观众对中国文艺作品的理解程度，进而促进中国戏曲的发展（杨子，2022）。潘红梅等（2021）对近代传统服饰的结构进行解构，以现代服饰的语言进行结构的再设计，并以传统工艺手法进行加工装饰，从而打造出符合时代审美需求，又蕴含中华传统文化气息的新人文服饰。

（2）内容创新

谭维维的《华阴老腔一声喊》从音乐要素、音乐节拍、舞台效果等方面入手，抓住了以年轻人为主的市场，同时也说明在戏曲音乐中，吸收现代流行音乐，并将其与戏曲艺术相结合，是戏曲艺术发展和革新的必然趋向（姚晓婷，2021）。提及了音乐的创新，就不得不提到中国传统的戏剧。新中国成立后，很多新的剧种都能在新的剧种中生存下来，并且在新的剧种中崭露头角，如《东辽河儿女》的创作特色是：主题的地域性与时代的契合、地方的生态变化与戏剧主题的融合、主题内容的多样性、现实主义和浪漫主义的融合等，也正是这些元素形成了其综合审美特征（刘胜男，2020）。另一些学者则是在研究传统壁画的创新性发展，他们试图建立一种创新的、能够恢复和重建壁画“空间性”的发展模型，以此为载体，扩大和传播传统美术的社会价值，为中华优秀文化的传播提供一个可资借鉴的途径和范例。还有的人对传统的壁画进行了深入的探讨，力图构建一种可以还原和重构壁画“空间性”的创新发展模式，以此作为拓展和弘扬传统艺术的社会价值的载体，为弘扬中华优秀传统文化提供一条可供参考的道路和典范（张昊等，2021）。

（3）传播方式创新

与时俱进，方能行稳致远。当今社会科学技术的迅猛发展，给了中国传统文化崭新的发展与传播路径。随着新媒体时代的到来，古代建筑文化得到了充分的利用，虚拟现实技术被广泛运用到古代建筑文化的保护和传播中，通过将古代建筑文化以影像的方式进行记录和再现，在现有的文物保护基础上，运用高科技的方法，进行了一种全新的传播方式（霍阅尧等，2019）。

从上述研究内容可以看出，目前已有学者从文化产业学、历史观、文化观、价值观、实践观等不同角度对中国传统体育养生文化进行了积极探索，也有学者通过革新机制结构、传承内容、传播方式的三个维度对传统金缮工艺、戏剧、刺绣、汉服、壁画等传统文化展开分析，对中国传统体育养生文化的创新性发展具有借鉴意义。笔者通过对词频的变动时间和趋势的统计结果来看，目前两创发展、文化自信、文化 ip 等是近几年这一领域的前沿主题。

2.4 文献述评

综观以往的研究，专家学者们在传播方式、传承内容、管理机制等不同的角度进行了研究和阐述并取得了一定的成果，在一定程度上为本书的撰写奠定了理论基础。但是这些研究都是从某一个角度进行的，尚且没有一种从文化整体的角度去把握中国传统体育养生文化的发展趋势与演变走向，并且中国传统体育养生文化在“双创”方面已有的相关研究较少，尚不能很好地使中国传统体育养生文化与当代快速发展的社会相契合。结合以往的研究现状以及时代发展新需求，本书从文化整体的角度对中国传统体育养生文化的物质层面、制度层面、精神层面的三个方面进行研究，旨在对前人的研究形成一个较为有益的补充，助力打造中国传统体育养生文化在新时代发展的强力引擎。

第3章

研究对象与研究方法

3.1 研究对象与调查对象

3.1.1 研究对象

本书以新时代中国传统体育养生文化创新性发展为研究对象，在归纳中国传统体育养生文化的优势资源的基础上，将中国传统体育养生文化发展面临的问题作为研究的导向，积极寻找并提出中国传统体育养生文化创新性发展路径。

3.1.2 调查对象

依据本书的研究需要，在调查对象的选择上，将问卷调查的调查对象确定为以下几种：官方体育管理部门工作人员、高等院校体育院系教师、高等院校医学院系教师、各省市健身气功协会主席会长、体育教师、健身气功社会体育指导员、中国传统体育养生的知名裁判员、教练员、在读博士等。

3.2 研究方法

3.2.1 文献资料法

根据本书的实际需要，截至2023年3月，以“中国传统体育养生文化”“传统体育养生”分别为关键词进行知网检索，共检索到文章227篇，其中有效文献数量为147篇；以“创新性发展”为篇名进行搜索，共检索到文章839篇，其中有效文献数量为239篇，以“中国传统体育养生文化”或“创新性发展”为主题词进行搜索，共检索到文章13篇。运用基于JAVA编程语言的CiteSpace(6.1.R2）软件，对检索到的论文进行可视化分析。

此外，笔者还在××大学图书馆和超星数字图书馆查阅了《文化的力量》《中国文化要义》《中国传统体育养生学》《民族传统体育文化概论》等相关书籍，并借助了山东省健身气功管理中心、中国健身气功协会、国际气联等官网，收集与中国传统体育养生文化的相关内容资料。

3.2.2 专家访谈法

在本书的研究过程中，笔者就中国传统体育养生文化发展现状、中国传统体育养生人才培养情况以及传统体育养生文化的生态环境等问题，对刘晓黎副教授、颜芬博士以及几位国内知名裁判员等进行了咨询，在全国第十二届体育科学大会作专题报告期间得到了赵斌老师的指导。2022 年 8 月，在尹海立教授的介绍下，课题组成员有机会与“《健身气功管理办法》修订座谈会”的参会老师进行了深度访谈，诸如：薛欣教授、尹海立教授、张云崖教授、孙刚教授、王明建教授、安徽省社会体育指导中心主任马亚琳老师等，各位专家、学者对本书研究的基本框架及具体内容的设计方面给予了综合性的指导，形成了较为系统的论证观点，使得研究内容更加的科学、合理，具有前瞻性。

在“2022 年全国健身气功国家级社会体育指导员晋级培训班（北部区）”的培训现场，课题组成员同来自北京、天津、河北等 14 个省（区、市）的 60 余名国家健身气功社会体育指导员们进行了深入的交流，广泛地收集老师们的意见，顺利拿到了基层教学的一手数据资料，为课题组成员充分的了解中国传统体育养生的发展现状，以及本书研究扎根本土、联系实际提供了真实的平台与途径。

最后，通过 NVivo 11.0 帮助保存和梳理访谈资料，转录的访谈资料文本内容共计 3 万多字左右，文本内容最多的为 12890 字。

3.2.3 德尔菲法

本书的预设问卷是基于扎根理论和 NVivo 11.0 对访谈结果的梳理与归纳结果构建的，在实际运用中可能存在一些未知的问题，所以需要对问卷的内容效度进行检验。因此，在预调查之前邀请了几位专家老师对本研究中的中国传统体育养生文化创新性发展调查表进行两轮的函询（专家小组的情况如表 3.1 所示）。首先第一轮是请各位专家老师评判现有的指标是否全面、是否需要剔除、是否可以补充新的指标，形成初具雏形的一个测试版调查表；第二轮是请老师给问卷中的题项进行打分，对本书中的问卷进行进一步的完善（见附录）。

表 3.1　　专家组成表

专家来源	数量（位）	百分比（%）
体育、医学院系教授	3	30
体育管理部门相关领导	2	20
国家级社会体育指导员	2	20
高级教练员	1	10
国家级裁判员	2	20

3.2.3.1　专家积极程度

本书将问卷调查的有效回收率作为衡量指标，问卷的有效回收率越高，说明专家的积极性越强。笔者在第一轮函询中共发放 10 份问卷，有效回收率为 100%，第二轮函询时发放了 10 份，有效回收率为 100%（见表 3.2）。

表 3.2　　专家积极程度（N=10）

轮次	发放数量（份）	回收数量（份）	有效数量（份）	有效率（%）
第一轮	10	10	10	100
第二轮	10	10	10	100

由表可以看出有效回收率均为 100%，表明了专家对本研究的关心以及合作程度很高。

3.2.3.2　专家权威程度

专家权威系数是专家的自我赋分，包括学术水平（q1）、做出判断的依据（q2）、对该研究方向的熟悉程度（q3）三个因素。

专家权威系数计算公式：

$$q = \frac{q1 + q2 + q3}{3}$$

由表3.3可知，两轮专家对作出判断的依据（q2）分别为0.85、0.86；对问卷的熟悉程度（q3）分别为0.76、0.83；两轮的专家权威系数分别为0.837、0.86（均大于0.7），表明在本研究中的专家权威程度较高。

表3.3　　　　专家权威系数结果（N=10）

轮次	q1	q2	q3	q
第一轮	0.9	0.85	0.76	0.837
第二轮	0.9	0.86	0.83	0.86

3.2.4　问卷调查法

在专家访谈、扎根理论和德尔菲法的理论基础上形成了测试版的调查表，分为“体育物质”“体育制度”“体育精神”三个维度，共涵盖了相关题项16项，经过具体的增加与删减后，本书的正式调查问卷成型。问卷的稳定性系数 $r=0.87$（$P<0.01$），符合统计学信度检验标准，并且问卷的专家效度良好。

在研究者完成问卷结构调整之后，研究进入正式调研阶段，主要调研工具是自编的“新时代中国传统体育养生文化创新性发展研究”调查问卷。因疫情这一特殊情况的影响，研究者自2022年4月下旬至8月下旬，通过问卷星网络平台发送给各位专家、领导，其中预调查的测试问卷发放80份，回收80份，剔除无效问卷后，有效问卷为68份，有效率为85%；正式调查的问卷共回收469份。通过严格的检查与筛选后，有效问卷为431份，有效率为91.9%，结果还是比较客观的，问卷的数据质量得到了很大的保障，所提供的数据也更符合本文所探讨的现实状况。

3.2.5 数理统计法

运用 SPSS 25.0 和 Excel 的方法对中国传统体育养生文化创新性发展调查问卷所得出的数据进行标准差、平均数、频数、卡方检验等统计学描述，多方位的阐述说明中国传统体育养生文化的发展现状，为其在新时代的创新性发展的契合社会实践提供支撑，进一步保证研究的可实践性。

3.2.6 个案研究法

本书中选用健身气功项目作为个案进行分析，旨在帮助笔者对中国传统体育养生文化的发展现状进行深度了解，可以更直观、细致地发现中国传统体育养生文化传承与发展过程中已经施行的策略是否需要进一步革新，进而做出探索与验证，个案研究则是为研究的进行提供了真实可靠的现实依据。

第4章

中国传统体育养生文化创新性发展问卷条目构建

4.1 中国传统体育养生文化创新性发展问卷指标筛选

4.1.1 开放式编码提取与分析

表4.1为中国传统体育养生文化创新性发展的开放式编码过程。

表4.1 中国传统体育养生文化创新性发展的开放式编码过程

原始资料贴标签	范畴化	提及次数
传统体育养生是先民为了解决生存问题、为了健康创造出来的，逐渐发展至今，每一个动作的编创、推广都是经过了科学的验证，现在的运动处方更是如此，专门对人体脏腑、经络、肩颈等进行特定的保健和锻炼	运动处方	33

续表

原始资料贴标签	范畴化	提及次数
健身气功运动处方的技术动作组成都是针对某一个病症，比如肩颈有问题，就专门练习对肩颈有效的动作，这样在人体的某一方面问题的干预就很有针对性	专人化定制	21
如此我们就可以对某一病症进行辨证施功且简单易学、效果明显，很适合群众广泛习练	注重适用性	25
编创更加简化的功法和套路，适合现代生活的实际需要，比如上班族、低头族，所以技术动作要简单易学，动作方面多做运动伤病研究	开发新动作	16
中国传统体育养生文化要从娃娃抓起，可以考虑进学校，像河南洛阳地区在这方面就搞得不错，所以对于技术动作要增加趣味性，能够吸引学生的学习乐趣	增加趣味性	10
在练习的时候不能只练身体，时间长了就要注意呼吸的节奏	形神兼练	14
动作要简单易学，群众才能真正将其用于健身	注重实用性	10
以后专家在创新动作的时候要有科普性，便于大众理解	注重科普性	12
教练员与社会体育指导员要年轻化，接受的知识也先进	年轻化教学	19
在教学的时候，要注意年龄问题，动作要适合这个年龄	注意年龄阶段	21
关于一些专业的名词进行统一也是比较棘手的问题，应注重对既能演练又能用外语讲解、教学的双语人才的挖掘和利用。忽略外语等级证，能讲能练的实操能力是关键	书籍译文统一	25
再就是关于中国传统体育养生的外文书籍相对较少，现在就只有5种语言的书籍，肯定是要进行其他语言的翻译	书籍种类增多	27
我们疗养院偶尔有人来教教，但是也比较少，有些盲人就缺乏这方面的资料，没事可以多学学	增设盲文书籍	15
官网上可以补充一些书籍的电子版本，年轻人下载会方便	专业电子书籍	9
现在社会多媒体、短视频已经成为主流，要善于打造媒体矩阵，跟上时代的节奏，让更多人了解到我们的文化，发展中国传统体育养生文化	媒体矩阵	28
现在传播方式很多，网上的教学视频也是良莠不齐，动作也就有所出入	传播资料的规范化、标准化	25
时代飞速发展，科技变化对社会的影响很大，中国传统体育养生也要顺应时代发展，进行数字化教学	数字化教学	19

续表

原始资料贴标签	范畴化	提及次数
动作不仅练身体，还对呼吸、心理有调节作用，在培养人才的时候可以加上呼吸、穴位的动态图，学习效果更好	人体结构动态认识	16
要发展专门的 App，和健身的 App 一样，可以找附近的教练，大家还可以组团练习	专门的传统体育养生 App	15
跆拳道都有传感袜子以及可以准确打点的感应的衣服，我们也可以学习一下	电子佩戴设备	13
现在商场很流行的 VR 体验馆可以运用到这上面来，实现全方位、多角度的教学	VR 眼镜、AR 眼镜	11
中医的五音可以疗疾，咱们的养生也可以结合一下	结合五音疗法	10
贴近老百姓生活的价值观，媒体多宣传太极养身的重要性，政府能重视。多动员年轻人加入行列，在单位，学校普及太极拳运动系列。 传承和发展体育文化，不要打着养生的名义搞花架子，更不能用养生保健来忽悠群众	融合民族特色	17
需要考虑到老年人对电子设备及电子文件等的接受程度，尽量不要所有的东西都以这种电子形式收集及指导。希望更多这种线下的实地教学及体育局等管理者尽量考虑老年人实际情况	体现现代电音	6
虫鸣、风声都是自然的声响，健身气功在练习时要调心，这些大自然的声音都可以起到辅助的作用	融入自然声响	15
像健身气功动作舒缓轻柔，其所用的背景音乐自然要符合它的这一特色	符合项目特色	10
我国的服装元素很丰富，但是也可以适当参考跆拳道的发展，就像他们的级别可以用腰带的颜色来区分，我们的衣服在设计的时候可以在衣领上使用不同的颜色呢，以后都可以考虑	服装国际化	9
因为民族众多，使得中华民族文化丰富多彩、异彩纷呈，所以传统体育养生文化一定要融入民族地域特色	凸显地域特色	11
现代服装元素多种多样，可以考虑与现代元素接轨	结合现代元素	7
健身气功、不同拳种服装其实各不相同，要考虑项目的不同	符合项目特点	13
中国传统体育养生文化的产业化、市场化水平较低	产学研用融合	10
现在很多的培训更重视动作技能的教学，对于理论知识有涉及但是不多，考核也是主要以技能为主	培训课程设置	17

续表

原始资料贴标签	范畴化	提及次数
疫情时期，健身气功火遍方舱医院，医护人员带领大家学习八段锦，我们正在做的就是推动健身气功走进机关、学校、社区等，加大培训基层技术人员，培养中国传统体育养生文化在各行各业的“带练人”	增加培训工种	11
现在我们的社会体育指导员大多是在城市、社区等，驻扎在农村其实还是比较少的，让人才留在农村还是不太现实的；扩大培训的地域范围，向部分农村、偏远地区倾斜师资力量是很重要的	扩大培训范围	8
城市肯定比农村条件好点，所以专业技术人才分布也不均。要长期培养教练，提升社会体育教学人才，提供一些福利刺激人才流动，或者是顶岗置换之类的活动	人才流动	18
要注重各级青中老的裁判员、社会体育指导员的衔接，加强人才培养的层次	人才衔接	15
加强专业人员管理，保持传统体育养生基础功效，从基本功练起，提升社会体育指导员自身技能	专业人才培养	7
做好各级单位的管理工作，落实各项规章制度	各级单位的规章制度	6
重视全民性，适当增加管理部门的考核指标 各级政府和体育主管部门一定高度重视，要列入考核评比	社会体育主管部门管理与组织	9
中国传统体育养生文化的创新性转化过程还要注意高校的学科建设问题，和专业建设问题还要注重于学科的交叉，这样传统体育养生文化才能够适应时代的发展才能够真正地保存灵魂能够再次的转化	跨学科融合	12
教练员、社会体育指导员这些等级证书要勤考核，培训机构要进行培训结束后的追踪，检查培训的效果	等级考核制度	14
竞赛规则还是要多考虑技术动作的规范性，不能一味地追求高难美新	竞赛规则	9
运动场地稀缺，为群众提供练功场所	室内运动场地	29
各级体育部门应升温一点，积极主动发动基层骨干的作用	基层推广普及	11
中华文化博大精深，高校科研方面要加强理论阐释，为中国传统体育养生文化奠定坚实的理论基础	深化理论阐释	14
实证工作是中国传统体育养生文化不断推广的必要前提	加强实证工作	16
只有做好理论 + 实践，才能多方面地促进传承与传播	理论结合实证	11

续表

原始资料贴标签	范畴化	提及次数
我认为上级有关部门不太重视对传统体育养生理念的宣传，导致宣传不到位。有关部门一定要宣传到位，大家才更有信心、恒心坚持习练，才有传承优秀传统文化的使命感和责任感	宣传体育养生理念	18
社会体育指导员应该在锻炼群体中发挥模范带头作用，多向社会大众宣传“未病先防”、主动健康等国家相关政策，鼓励更多的人主动加入到健身队伍中来	注意统一思想	14
中国传统体育养生文化讲究“欲修其身，先正其心”，一定要树好这个心，才能谈其他的发展	注重传统体育养生的德育	21

4.1.2　主轴与选择编码归纳分析

经过开放编码的操作之后，笔者对上述的50个范畴进行进一步的提炼，初步得到了12个概念，分别是：“技术动作”“书籍材料”“音像材料”“背景音乐”“服装元素”“电子产品”“人才培养范围”“课程培训标准”“组织机构的规章制度”“等级考核制度”“竞赛规则”“科学研究实证”，概念的提炼为本文接下来的研究指出了正确的研究方向（见表4.2）。

表4.2　　中国传统体育养生文化创新性发展的开放式编码过程

概念	范畴
技术动作	运动处方、专人定制、创新动作、适用性、趣味性、形神兼练、实用性、科普性、年轻化教学、注意年龄阶段
书籍材料	书籍译文统一、书籍种类增多、专业电子书籍、增设盲文书籍
音像材料	媒体矩阵、传播材料规范化、标准化
背景音乐	结合五音疗法、融合民族特色、体现现代元素、融入自然声响、符合项目特色
服装元素	国际化发展、凸显地域特色、结合现代元素、符合项目特点
电子产品	数字化教学、增加人体结构动态认识、专门的传统体育养生App、电子佩戴设备、VR眼镜、AR眼镜

续表

概念	范畴
人才培养范围	培训涵盖人群、培训覆盖范围、人才流动、老中青教练员、裁判员衔接
课程培训标准	产学研用融合、课程结构合理、专业化人才培养
组织机构的规章制度	各级单位的规章制度、社会体育主管部门管理与组织、室内运动场地、基层推广普及
等级考核制度	运动员、裁判员、教练员、社会体育指导员等级评定与考核
竞赛规则	竞赛规则
科学研究实证	深化理论阐释、加强实证工作、跨学科融合、理论与实证结合、宣传体育养生理念、注意统一思想、注重传统体育养生的德育

4.1.3　专家函询与问卷条目的修改

为了保证上述情况的客观性、全面性以及科学性，笔者在导师的帮助下邀请了10位专家老师组成专家小组（基本情况见表3.1），对问卷进行了共进行2轮专家函询，具体流程如图4.1所示。

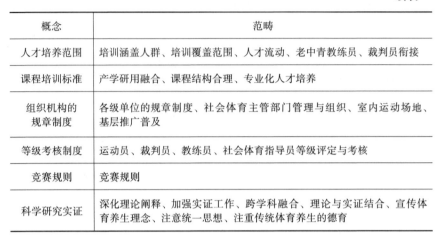

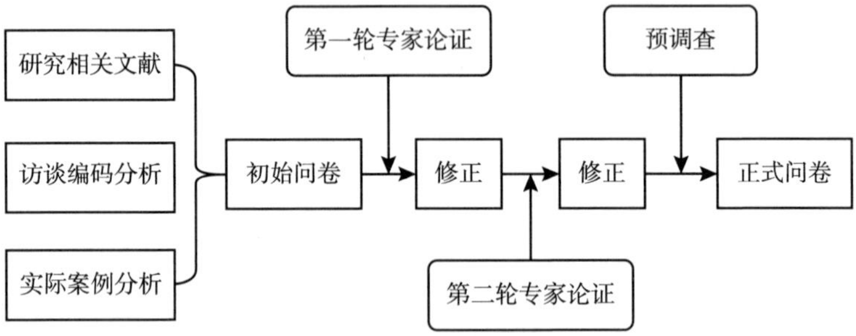

图4.1　正式问卷形成流程

4.1.3.1　第一轮专家函询

将在质性研究分析基础上提炼出的范畴进行咨询，根据专家组的意见对部分条目进行修改，将 12 个指标提炼为传统体育养生文化的 3 个层次，关于各级指标的具体数值如表 4.3 和表 4.4 所示。

表 4.3　　第一轮函询关于二级指标的评分统计结果（N=10）

层次	指标内容	平均数 ($\bar{X}$)	标准差 (S)	变异系数 (CV)	建议结果
体育物资	技术动作	4.90	0.30	0.06	合并后留用
	书籍材料	4.20	0.40	0.09	
	音像材料	4.60	0.49	0.10	
	背景音乐	4.80	0.40	0.08	
	服装元素	4.20	0.40	0.09	
	电子产品	4.40	0.49	0.12	修后留用
	人才培养范围	4.30	0.46	0.11	合并后留用
	课程培训标准	4.70	0.46	0.10	
体育制度	组织机构的规章制度	4.60	0.49	0.10	
	体育主管部门组织管理	4.60	0.49	0.10	
	等级考核制度	4.40	0.49	0.12	
	竞赛规则	4.20	0.40	0.09	
体育精神	科学研究实证	4.70	0.46	0.10	
	养生理念				新增

表 4.4　　第一轮函询关于三级指标的评分统计结果（N=10）

层次	指标内容	平均数 ($\bar{X}$)	标准差 (S)	变异系数 (CV)	建议结果
体育物资	运动处方	4.90	0.30	0.06	
	专人化定制	4.70	0.46	0.10	合并后留用
	适用性	4.40	0.49	0.12	
	编创新动作	4.80	0.40	0.08	
	趣味性	4.10	0.30	0.07	

续表

层次	指标内容	平均数（$\bar{X}$）	标准差（S）	变异系数（CV）	建议结果
体育物资	形神兼练	4.40	0.49	0.12	删除
	实用性	4.30	0.46	0.11	合并后留用
	科普性	4.40	0.49	0.12	
	年轻化教学	4.70	0.46	0.10	合并后留用
	注意年龄阶段	4.20	0.40	0.09	
	书籍译文统一	4.90	0.30	0.06	合并后留用
	书籍种类增多	4.80	0.40	0.08	
	增设盲文书籍	4.10	0.30	0.07	
	专业电子书籍				新增
	媒体矩阵	4.70	0.46	0.10	
	传播材料规范化、标准化	4.90	0.30	0.06	
	数字化教学	4.90	0.30	0.06	
	增加人体结构动态认识	4.40	0.49	0.12	删除
	专门的传统体育养生 App	4.70	0.46	0.10	
	电子佩戴设备	4.70	0.46	0.10	
	VR 眼镜、AR 眼镜	4.10	0.30	0.07	
	结合五音疗法	4.90	0.30	0.06	
	融合民族特色	4.80	0.40	0.08	
	体现现代元素	4.40	0.49	0.12	删除
	融入自然声响	4.20	0.40	0.09	
	符合项目特色	4.90	0.30	0.06	
	国际化发展	4.70	0.46	0.10	
	凸显地域特色	4.30	0.46	0.11	
	结合现代元素	4.50	0.50	0.11	
	符合项目特点	4.60	0.49	0.10	
	产学研用融合	4.20	0.40	0.09	
	课程结构合理	4.30	0.46	0.11	

续表

层次	指标内容	平均数（$\bar{X}$）	标准差（S）	变异系数（CV）	建议结果
体育物资	培训涵盖人群	4.40	0.49	0.12	删除
	培训覆盖范围	4.90	0.30	0.06	
	人才流动	4.50	0.50	0.11	
	老中青教练员、裁判员衔接	4.20	0.40	0.09	
	专业化人才培养	4.30	0.46	0.11	
体育制度	各级单位的规章制度明确	4.80	0.40	0.08	
	加大社会体育主管部门管理和组织力度	4.80	0.40	0.08	
	等级考核制度	4.70	0.46	0.10	
	竞赛规则更新	4.70	0.46	0.10	
	室内运动场地	4.90	0.30	0.06	
	基层推广普及	4.40	0.49	0.12	删除
体育精神	深化理论阐释	4.90	0.30	0.06	
	加强实证工作	4.80	0.40	0.08	
	理论与实证结合	4.60	0.49	0.10	
	宣传体育养生理念	4.90	0.30	0.06	
	跨学科融合	4.50	0.50	0.11	修后留用
	注意统一思想	4.50	0.50	0.11	合并后留用
	注重传统体育养生的德育	4.50	0.50	0.11	

经过第一轮为专家函询，利用各条目的平均值、标准差、变异系数反映专家意见的集中程度，最终新增了一个二级指标，1 个三级指标；删除了 5 个三级指标；合并 3 个二级指标、5 个三级指标；修改 1 个二级指标；1 个三级指标。

4.1.3.2　第二轮专家函询

将第一轮中确定的条目自编成问卷题项，初步构成了新时代中国传统体育养生文化创新性发展研究的调查表，请专家组对此进行打分，评分方式选用了李克特五级量表法则，答案为“1、2、3、4、5”，分别对应“非常不合适、不合适、一般、合适、非常合适”，具体的打分情况如表4.5所示。

表4.5　　第二轮专家小组评分统计表况（N=10）

题项	均值（$\bar{X}$）	标准差（S）	最小值	最大值	满分比（%）
有没有必要结合运动处方进行开发	4.40	0.49	4	5	40
有没有必要针对不同人群进行开发	4.70	0.46	4	5	70
有没有必要挖掘、编创新动作	4.90	0.30	4	5	90
有没有必要官方书籍、音像材料进行创新与补充	4.40	0.49	4	5	40
应如何将媒体矩阵的影响作用进一步规范、扩大化	4.60	0.49	4	5	60
服装的风格与款式发展方向如何	4.30	0.46	4	5	30
背景音乐的编创可以考虑的发展角度	4.70	0.46	4	5	70
您平时对于相关的科技产品、App使用情况如何	4.40	0.49	4	5	40
中国传统体育养生文化科技产品的发展前景如何	4.80	0.40	4	5	80
目前中国传统体育养生的人才培养模式如何	4.60	0.49	4	5	60
目前的人才分布结构是否合理	4.50	0.50	4	5	50
应如何促进人才的横向流动					
应如何扩大人才培养的覆盖范围	4.90	0.30	4	5	90
是否需要设置专职的培训、宣传团队	4.70	0.46	4	5	70
如何对各种等级考核机制进行改革	4.30	0.46	4	5	30
应如何加大与其他部门的联动配合工作	4.80	0.40	4	5	80
应在哪些方面改进竞赛规则	4.40	0.49	4	5	40
应该如何改进组织管理部门的规章制度	4.30	0.46	4	5	30

续表

题项	均值（$\bar{X}$）	标准差（S）	最小值	最大值	满分比（%）
在中国传统体育养生文化理论阐释方面可以如何发展	4. 50	0. 50	4	5	50
还有哪些需要注意以及改进的方面	4. 40	0. 49	4	5	40

第二轮专家函询中，专家意见基本趋于一致，结束函询。后又根据导师与专家的意见对问卷又进行小幅修改与完善。最后确定问卷的具体条目如表 4. 6 所示。

表 4. 6　　审查后确定的调查问卷条目

一级指标	二级指标	三级指标
体育物资	技术动作	结合运动处方
		进行专人定制
		整理、编创新动作
	书籍材料	对官方书籍的种类与译文进行补充
	音像材料	规范化、标准化发展音像资料
	服装元素	材质、款式创新化
	背景音乐	元素、风格多样化
体育制度	人才培养模式	培训课程结构
		人才分布与流动
		人才培养的覆盖范围
		人才培养的培养力度
	规章制度与竞赛规则	各项考核机制
		组织管理的规章制度
		竞赛规则
	对外联动	与其他部门的联动工作
体育精神	科学研究与养生思想	加强实证研究
		深化理论阐释
		科学健康的养生理念

4.2 数据的收集与整理

4.2.1 问卷的信度检验

对问卷的信度采用两次重测的方法，随机选取高校体育院系教师、医学院系教师、社会体育指导员、官方机构管理人员等40人进行初次问卷调查，在两周后采用同样的方法进行重测。皮尔逊相关系数为 $r=0.870$ ($P<0.01$)，说明此份问卷具有较高的稳定性。

4.2.2 问卷的效度检验

为了确保问卷调查的效果，在进行问卷调查之前，先对问卷的具体内容、题目的设置等进行了具体的效度评价。将调查问卷发送给10位本研究领域的专家对本书的问卷设计进行评价，专家评定结果如表4.7所示。

表4.7　专家问卷效度评价

级别	非常合理	合理	基本合理	不太合理	不合理
结构效度	6	2	2	0	0
内容效度	6	1	3	0	0

4.2.3 问卷的发放与回收

因疫情这一特殊情况的影响，笔者自2022年4月下旬至8月下旬，通过问卷星网络平台发送给各位专家、领导，其中预调查的测试问卷发放 80 份，回收 80 份，剔除无效问卷后，有效问卷为 68 份，有效率为 85%；正式调查的问卷共回收 469 份。通过严格的检查与筛选后，有效问卷为 431 份，有效率为 91.9%，结果还是比较客观的，在很大程度上确保了问卷回收的数据质量，使资料呈现的结果更加贴合实际。

4.3　样本的描述性统计

根据本书的研究需要，将本研究的调查对象确定为以下几类专家老师：官方体育管理部门的工作人员、高等院校体育院系教师、高等院校医学院系教师、各省市区的健身气功协会会长、中小学民族传统体育项目的体育教师、国家级社会体育指导员、中国传统体育养生的知名裁判员、教练员等，具体情况如表 4.8 所示。

表 4.8　　　调查对象基本情况表（n = 431）

工作单位情况	人数（人）	占比（%）	平均值	标准差
高等院校体育院系	100	23.2	4.51	2.08
高等院校医学院系	14	3.3		
中医或气功研究所	26	6		
体育管理部门	31	7.2		
医疗机构或其他企业单位	29	6.7		
社区健身气功社会体育指导员	78	18.1		
中小学体育教师（民族传统体育类）	35	8.1		
民族传统体育项目培训机构	34	7.9		
博士在读研究生	2	0.5		
其他	82	19		
共计	431	100		

覆盖范围广、涵盖人群全面，涉及全国27个省份，其中以山东省和福建省居多，因新冠疫情的特殊社会情况，导致西藏、青海等几个地区的覆盖情况并不理想。

还运用了SPSS和Excel工具对其他的基本情况进行人口学变量频率分析，得到的结果如表4.9所示。

表4.9　人口学变量频率分析（n=431）

变量	选项	频率	占比（%）	平均值	标准差
年龄	30岁及以下（≤30岁）	32	7.4	3.52	1.16
	31~40岁	55	12.8		
	41~50岁	85	19.7		
	51~60岁	177	41.1		
	60岁以上	82	19		
学历	专科及以下	190	44.1	1.87	0.91
	本科	128	29.7		
	硕士研究生	93	21.6		
	博士研究生	20	4.6		
从事年限	0~5年	110	25.5	2.58	1.35
	6~10年	132	30.6		
	11~15年	79	18.3		
	16~20年	51	11.8		
	20年以上	59	13.7		
医师资格证	无	365	84.7	1.52	1.27
	执业助理医师	1	0.2		
	执业医师	11	2.6		
	初级专业技术职称资格证	14	3.2		
	中级专业技术职称资格证	40	9.3		

续表

变量	选项	频率	占比（%）	平均值	标准差
裁判证	无	199	46.2	2.11	1.20
	二级	65	15.1		
	一级	96	22.3		
	国家级	62	14.4		
	国际级	9	2.1		
社会体育指导员证	无	117	27.1	2.64	1.16
	二级	44	10.2		
	一级	149	34.6		
	国家级	121	28.1		
教练证	无	274	63.6	2.35	1.88
	助理教练	7	1.6		
	三级	12	2.8		
	二级	30	7		
	一级	81	18.8		
	国家级	27	6.3		
段位证	无	255	59.2	1.81	1.06
	1～3 段	37	8.6		
	4～6 段	105	24.4		
	7～9 段	34	7.9		
	总计	431	100		

调查结果显示：在本次问卷的调查对象中，接触中国传统体育养生的时长也有所不同，其中有 132 人接触时长为 6～10 年，占比高达 30.6%、110 人接触时长为 0～5 年、79 人接触时长为 11～15 年、51 人接触时长为 16～20 年，还有 59 人接触时长在 20 年以上，据了解这 59 人多为资深健身气功或其他民族传统体育项目习练者、国际级裁判员和教练员等。此外，受教育情况分别为：专科及以下 170 人、本科学历

148 人、硕士研究生 93 人、博士研究生 20 人，其中博士研究生学历的数量较少，其他受教育情况分布比例较为均衡。除此之外，本次问卷的调查对象有 314 人拥有社会体育指导员证书，其中国家级社会体育指导员有 121 位；232 人持有中国传统体育养生领域的相关裁判证，其中有 62 人是国家级裁判员，更有 9 人是国际级裁判员；有 157 位专家持有中国传统体育养生领域的相关教练员证，有 27 位为国家级教练员；176 人持有中国传统体育养生领域的段位证，其中中级段位 105 人、高级段位 34 人。充分体现了调查对象的专业性与可信性，从而提高了问卷回收数据的可信度与权威性，同时也增强了调查结果的可靠性和准确性。

第5章

新时代“健康中国”视域下的传统体育养生文化

传统体育养生文化是我国历史久远的有关身体养护的优秀传统文化，是我国古人集体智慧的真切体现，是以人体自身调形、调息、调心为基本手段的身体练习理论和方法体系为核心所形成的物质的、制度的、精神的总和，涵盖了儒、释、道、医、武等各流派的养生文化。

在“健康中国”建设上升至国家战略的当下，在坚持中国特色卫生与健康发展道路和坚定不移地贯彻预防为主、防治结合的今天，传统体育养生文化迎来了21世纪以来最大的发展机遇。在“健康中国”的视域下，传统体育养生文化将如何抓住机遇、应对挑战，才能在“健康中国”的建设中体现独具特色的健康保健作用，在全民健身的浪潮中淋漓尽致地展现“不治已病治未病”的预防功效。基于此，本书以“健康中国”建设为视角，对“健康中国”视域下的传统体育养生文化所面临的机遇与挑战进行分析与研究，并提出相应的路径选择，为传统体育养生文化的发展提供参考意见。

5.1 “健康中国”国家战略的演进

“健康中国”战略是一项旨在全面提高全民健康水平的国家战略，是一项需求牵引型的国民健康优先发展战略；是以科学发展观为指导，以全面维护和增进人民健康，提高健康公平，实现社会经济与人民健康协调发展为目标，以公共政策为落脚点，以重大专项、重大工程为切入点的国家战略①。

健康是人类生存、发展的最基本和最重要的条件，也是人们通向美好生活的动力和前提。2012 年，卫生部发布了《“健康中国 2020”战略研究报告》；党的十八届五中全会通过的公报将建设“健康中国”提升至国家战略高度。2016 年 8 月召开的全国卫生与健康大会，习近平总书记更是从实现民族复兴、增进人民福祉的高度，把人民健康放在优先发展的战略地位，深刻论述推进健康中国建设的重大意义、工作方针、重点任务。

2016 年 10 月 25 日印发实施的《“健康中国 2030”规划纲要》，是中华人民共和国成立以来在国家层面第一次提出的健康领域的中长期战略规划，是保障人民健康的重大举措，也是我国积极履行对联合国“2030 可持续发展议程”承诺的重要举措，对全面建设小康社会、加快推进社会主义现代化、丰富中国特色社会主义道路具有深远的理论意义和重大的实践价值。

“健康中国”国家战略的演进为传统体育养生文化的发展提供了契机。《“健康中国 2030”规划纲要》中服务全人类全生命周期的大健康发展理念、共建共享的全民健康战略主体、预防为主的健康生活方式等

① 中华人民共和国国家卫生和计划生育委员会.《“健康中国 2020”战略研究报告》解读［EB/OL］.（2012－08－17）［2024－03－17］. http：//www. moh. gov. cn.

内容，为传统体育养生文化的发展指明了方向。

5.2 “健康中国”视域下传统体育养生文化的机遇叠加

“健康中国”视域下，传统体育养生文化获得了一系列的政策叠加的机遇。中华优秀传统文化传承发展工程的实施为传统体育养生文化的发展营造了文化氛围，防治慢性病中长期规划的执行为传统体育养生文化的发展创造了实践基础，全民健身计划的开展为传统体育养生文化的发展打通了大众化的路径。

5.2.1 中华优秀传统文化传承发展工程的实施为传统体育养生文化营造文化氛围

新华社等媒体 2017 年 1 月 25 日公布了中共中央办公厅、国务院办公厅印发的《关于实施中华优秀传统文化传承发展工程的意见》。这是首次以中央文件的形式对中华优秀传统文化传承发展工作进行了阐述。它对于人民群众文化素养的全面提升、国家文化安全的维护、国家文化软实力的增强、国家治理体系和治理能力现代化的推进、中华文脉的延续等都具有深远的意义。

实施中华优秀传统文化传承发展工程，要高举中国特色社会主义伟大旗帜、坚持以中国特色社会主义理论体系为指导、深入贯彻习近平总书记系列重要讲话精神和治国理政的新理念新思想新战略，从而不断提升中华优秀传统文化的生命力、影响力，以创造中华文化新的辉煌。

深入阐发文化精髓，始终贯穿国民教育，保护传承文化遗产，滋养文学艺术创作，全面融入生产生活，加大宣传教育力度，推动中外文化交流互鉴等传承发展中华优秀传统文化的重点任务为传统体育养生文化的发展营造了良好的文化氛围。在此氛围中，传统体育养生文化的历史渊源、发展脉络、基本走向得以深入研究，传统体育养生文化的传承发展体系得以形成，进而使文化自信显著增强，国家文化软实力的根基更为坚实。

5.2.2 防治慢性病中长期规划的执行为传统体育养生文化创造实践基础

为了加强慢性病的防治工作、降低疾病负担、延长居民的健康期望寿命、努力对人民健康进行全方位全周期地保障，国务院办公厅于2017年1月22日发布了《中国防治慢性病中长期规划（2017—2025年)》。这是国务院办公厅首次印发的慢性病防治规划，是贯彻落实全国卫生与健康大会的精神、努力进行全方位、全周期地保障人民健康的重大举措。文件中明确提出要实现以治病为中心向以健康为中心的转变，发挥中医治未病优势，大力推广传统养生健身法，促进全民形成健康文明的生活方式。

慢性病是一类起病隐匿、病程长且病情迁延不愈、病因复杂的各种疾病的概括性总称，主要包括心脑血管疾病、癌症、慢性呼吸系统疾病、糖尿病和口腔疾病，以及内分泌、肾脏、骨骼、神经等疾病。《中国居民营养与慢性病状况报告（2020年)》显示：2019年我国居民因慢性病导致的死亡占总死亡88.5%，其中心脑血管病、癌症、慢性呼吸系统疾病死亡比例为80.7%，因心脑血管疾病、癌症、慢性呼吸系统疾病和糖尿病等四类重大慢性病导致的过早死亡率为16.5%①。

《中国居民营养与慢性病状况报告（2020年)》显示，中国18岁及

① 国务院新闻办就《中国居民营养与慢性病状况报告（2020年)》有关情况举行发布会[EB/OL]. 中国政府网，(2020-12-24) [2024-11-29]. https://www.gov.cn/xinwen/2020-12/24/content_5572983.htm.

以上居民高血压患病率为27.5%，糖尿病患病率为11.9%，高胆固醇血症患病率为8.2%，40岁及以上居民慢性阻塞性肺疾病患病率为13.6%。我国慢性病防控工作仍面临巨大挑战。据世界银行《中国走向健康和谐生活》报告：“慢性病已成为中国的第一大健康威胁，每年导致约1030万人死亡，占全国总死亡率的80%和约70%的整体疾病负担。如果在2010~2040年间，心血管疾病死亡率能够下降1%，将为中国节省10.7万亿美元的医疗开支。”① 而目前，我国每年用于心血管和糖尿病治疗的相关费用已达GDP的4%，预计到2025年将达到8%左右，这无疑会给城乡居民家庭和社会经济发展带来巨大的经济负担（林旭等，2012）。由此可见，防治慢性病不仅仅是医疗部门的职责，还关系到国家经济发展、人民健康以及健康中国建设目标的实现，关系到国家社会的长治久安。因此，贯彻落实《中国防治慢性病中长期规划（2017—2025年）》是推进“健康中国”建设的需要，是实现人民健康的基础，同时，文件的贯彻落实也为传统体育养生文化的发展创造了实践基础。

5.2.3　全民健身活动的开展为传统体育养生文化打通大众化路径

为实施全民健身的国家战略、提高全民族的身体素质和健康水平，2016年6月15日，国务院公布了《全民健身计划（2016—2020）》。它是“十三五”时期开展全民健身工作的总体规划和行动纲领，相比较而言，它最大的亮点就在于对全民健身的“突破性认识”——将全民健身作为落实建设健康中国的有力支撑和全面建成小康社会的国家名片。

《全民健身计划（2016—2020年）》明确提出扶持推广武术、太极

---

① Yang W, Lu J, Weng J, et al. Prevalence of diabetes among men and women in China [J]. N Engl J Med, 2010, 362 (12): 1090－1101.

拳、健身气功等民族民俗民间传统和乡村农味农趣运动项目，鼓励开发适合不同人群、不同地域和不同行业特点的特色运动项目。这为传统体育养生文化的推广与发展提供了政策保障，为传统体育养生文化的发展打通了大众化路径，使传统体育养生文化有机会深入到各行各业之中，为不同人群、不同地域、不同行业的人群提供健康服务，宣传、推广传统体育养生文化“治未病”的思想理念。

到 2020 年，经常参加体育锻炼的人数达到 4. 35 亿；每周参加 1 次及以上体育锻炼的人数达到 7 亿；体育消费总规模达到 1. 5 万亿元。全民健身战略的发展目标也是传统体育养生文化发展打通大众化路径后的奋斗目标，能充分发挥传统体育养生文化在践行社会主义核心价值观、传承人类优秀文明成果和提升国家软实力等方面的独特价值和作用。

5.3 “健康中国” 视域下传统体育养生文化的形势严峻

5.3.1 新媒体传播打破了传承发展路径

根据第一批国家级杂技与竞技类非物质文化遗产名录的传承机制，可以将传统体育的传承方式分为开放式和封闭式两种。开放式主要指带徒传授，包括 9 项大类及亚类。封闭式主要指家族传承、寺庙传承、家族传授与带徒相结合，包括 8 项大类及亚类（张雪峰等，2010）。根据传统体育养生文化传承发展的范围大小不同，可以将我国民族传统体育养生文化传承发展的基本方式分为血缘关系传承方式、准血缘关系传承、准契约关系或契约关系传承。血缘关系传承方式主要指传承方式在具有真实血缘关系的人员之间展开，如父子相传、祖孙相传等。准血缘关系传承方式主要是指传承方式在类血缘关系的人员之间开展，这种传承方式往往通过拜师来实现。准契约关系或契约关系传承方式主要是指传承关系在具有准契约关系或契约关系的人员之间发生的一种传承方式。而准契约关系传承方式是在没有签订契约的前提下进行的传承，如体育院校或学校内的体育教育部门（院部系室等）；契约关系传承方式是在签订了契约的前提下进行的传承，这种传承方式主要发生在各种道馆之内。相对而言，血缘关系传承和准血缘关系传承比准契约关系传承或契约关系传承更重情感、道德教化和教育质量。根据传统体育养生文化传播的时空不同，可以把传统体育养生文化的传播模式分为在特定的时间内传播、在特定的空间内传播、跨时空的传播三种模式。

21 世纪之前的中国传统体育养生文化的传承发展主要通过血缘关系传承和准血缘关系传承来进行，这两种传播模式受到时空的限制，主要在特定空间、特定时间内进行传播。近年来，新媒体由于所具有的数字性、交互性、超文本性、虚拟性和网络化工作等特性，它的应用冲击了中国传统体育养生文化的传承发展。新媒体传播使中国传统体育养生文化的传承发展向准契约关系或契约关系的传承方式进展，打破了中国传统体育养生文化传播模式的时空限制，实现了中国传统体育养生文化传承发展的纵横交错、传播模式的跨时空进行（王智慧，2015）。

中国传统体育养生文化的传承发展主要面临着新媒体传播带来的三个挑战：第一，新媒体传播使中国传统体育养生文化的传承发展范围扩大，这带来了中国传统体育养生文化传承发展的文化底蕴缺失问题。中华文脉是中华民族的命脉，中国传统体育养生文化的特色文化要素是其传承发展的基础和永续发展的支撑。每一套甚至每一个中国传统体育养生动作里面都蕴含了一个生动的故事或传说，如五禽戏里华佗的故事、易筋经里达摩或岳飞的传说，除却了文化的滋养，中国传统体育养生动作就像没有枝叶的干巴巴的树干。第二，新媒体传播使中国传统体育养生文化传承发展的速度变快，这导致中国传统体育养生文化传承发展的质量监控不力问题。新媒体的交互性、超文本性和网络化工作大大提升了中国传统体育养生文化的传承发展速度，同时，新媒体的数字性和虚拟性也带来了中国传统体育养生文化传承发展质量监控难的问题。中国传统体育养生强调养，非一日可见其功。无论是特定时空的传播模式或跨时空的传播模式之下，无论是血缘关系传承、准血缘关系传承、准契约关系传承或契约关系传承，只要中国传统体育养生文化的传承发展速度变快，就或多或少存在质量监控难的问题。第三，新媒体传播下，中国传统体育养生文化传承发展的社会效果是快速走向大众化，这种情况下，中国传统体育养生文化的传承发展将面临精英稀少、大师难出的局面。面对新形势，中国传统体育养生技术为了让更大多数的人共享健康养生、让传统体育养生技术走向寻常百姓家，就降低了技术难度、减少了动作要领，如太极拳教学 24 式。这种编创虽然使中国传统体育养生文化快速实现局部或更大范围的大众化，但是，它影响了成套技术动作的起转承结合，破坏了成套技术动作的内在运行机理，导致中国传统体育养生文化将面临着精英稀少、大师难出的局面。

5.3.2 多元文化冲击下的文化认同障碍

美国学者塞缪尔·亨廷顿（Samuel Huntington）认为“文化认同对于大多数人来说是最有意义的东西”①。文化认同是民族认同、国家认同的最深层的基础，是综合国力竞争中最重要的软实力。冯天瑜教授主编的《中华文化词典》认为文化认同是一种肯定的文化价值判断，具体指文化群体或文化成员承认群内新文化或群外异文化因素的价值效用符合传统文化价值标准的认可态度与方式。经过认同后的新文化或异文化因素将被接受、传播（冯天瑜，2001）。文化认同发生在不同的文化接触、相互比较和碰撞的场域中，是个体（群体）面对另一种异于自身存在的文化时，所产生的一种保持自我同一性与认可异方同一性的反应。文化认同虽然是“有意识”地按文化的逻辑保持与它的同构的联

① 塞缪尔·亨廷顿．文明的冲突与世界秩序的重建［M］．北京：新华出版社，2010. 15.

系，但文化认同更多是无意识的甚至是内化的。世界上没有一种文化可以塑造具有普遍性的人。人的文化存在是一种特殊存在，它对世界的解释和规范只是一个特殊的视角，这决定了文化之间必然具有互补的特征，这也是不同文化可以进行文化认同的依据。

在多元文化的冲击下，中国传统体育养生文化面临着文化认同的障碍。多元文化要求被承认并被平等地对待：首先要求元文化群体要热爱并守护各自的本土文化，其次要求元文化群体要尊重并选择异域文化，再次要求元文化群体要丰富并发展多元文化，最后要求元文化群体要和谐并繁荣人类文化。文化认同包括对本土文化的认同与对异域文化的认可两个方面，文化现象的现实存在决定了文化认同的现实可能。多元文化冲击下的中国传统体育文化主要面临着三个方面的认同障碍：一是多元文化的冲击使得中国人对于本土传统体育养生文化的认同显示出自我认同不足，其突出的表现就是国人对于传统体育养生文化所显示出的文化自卑或文化自负。对于中国传统体育养生文化，我们既不要妄自菲薄，当然也没有必要妄自尊大。对于中国传统体育养生文化，要有恰当的文化认同，要热爱并守护它。二是多元文化的冲击使得外国人对于中国传统体育养生文化的认同显示出异域认可不明，其突出表现是外国人对于中国传统体育养生文化的文化拒斥或文化侵占。川普墙挡不住历史文明的进程，孔子学院的关闭也阻碍不了世界文化的人类大同。中国传统体育养生文化搭载健康理念、长寿希望而去，根本不应该被拒斥。同时，中国也不允许对于中国传统体育养生文化的文化侵占。三是多元文化的冲击使得中国传统体育养生文化的整体认同效果不佳，中国传统体育养生文化的大众化与国际化还需继续努力。

5.3.3　国际化背景带来的价值观念碰撞

近年来，中国传统体育养生文化的国际化是大势所趋：中国传统体育养生文化输送到国外的是健康和养生，健康和养生是人类共同的话题。中国传统体育养生文化的国际化已经成为一个必然的趋势，是一种中国传统体育养生文化向国际社会转移的过程。但是，中国传统体育养生文化的国际化又不能完全进行国际化改造，必须以中国传统体育养生文化的价值观为基本内涵，以其他地区体育养生文化的价值融合为必要途径，使我国传统体育养生文化具有被广泛认同的国际体育文化特征的同时又保持着中国传统体育养生文化的基本内涵。因此，中国传统体育养生文化的国际化所要解决的核心问题就是：既要保持我国传统体育养生文化的价值观，又要广泛吸收异域体育养生文化的合理的价值内核。

王岗、邱丕相（2005）认为，在武术的国际化传播过程中，对“武术传统”和“传统武术”的认知错误，造成了武术的发展处在“进退两难，左右徘徊的境遇之中”；中国传统体育养生文化在国际化过程中也会遭遇困难重重，其中最主要的问题就是国际化进程中中国传统体育养生文化所蕴含的价值观念会与异域的本土体育养生文化所携带的价值观念产生碰撞。中国传统体育养生文化与异域的本土体育养生文化的价值观产生碰撞的原因主要有：第一，体育养生文化自身的客观性使然。体育养生文化的三个层面：物质层面、制度层面及精神层面，其中物质层面与制度层面具有客观性，而精神层面具有较多的主观性。南橘北枳与经济基础决定上层建筑的论断分别是体育养生文化客观性与主观性的有力例证。体育养生文化的客观性给它的价值观烙下了地域的印记，国际化过程中不同区域的体育养生文化必然会产生价值观的碰撞。第二，体育养生文化本身的特殊性使然。如南拳北腿，不同的环境促成了相异的体育养生文化，使得体育养生文化本身具有特殊性。这样，不同环境的体育养生文化所蕴含的价值观也就不同，如中国传统体育养生文化中合和、内向，而西方体育养生文化重个性、外放。第三，东西方思维方式的不同使然。季羡林（1991）认为，“东方的思维模式是综合的，它照顾了事物的整体，有整体概念，讲普遍规律，接近唯物辩证法……而西方的思维方式则是分析的。它抓住一个东西，特别是物质的东西，分析下去，分析到极其细微的程度”。这种来自文化根源的思维

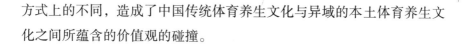

方式上的不同，造成了中国传统体育养生文化与异域的本土体育养生文化之间所蕴含的价值观的碰撞。

5.4 “健康中国”视域下传统体育养生文化的路径选择

5.4.1 坚持中国特色社会主义核心价值观

社会主义核心价值观的基本内容涵盖国家、社会、个人三个层面，国家层面提倡富强、民主、文明、和谐，社会层面提倡法治、公正、自由、平等，个人层面提倡诚信、友善、敬业、爱国。社会主义核心价值观强大的引领力和整合力指引着传统体育养生文化的健康发展。

面对国际化背景下中国传统体育养生文化与异域的本土体育养生文化所蕴含的价值观的碰撞，要坚决奉行一个坚持一个反对的原则。一个坚持是指坚持中国特色社会主义核心价值观。社会主义核心价值观是社会主义核心价值体系的内核，体现社会主义核心价值体系的根本性质和基本特征，反映社会主义核心价值体系的丰富内涵和实践要求，是社会主义核心价值体系的高度凝练和集中诠释，是中国传统体育养生文化进行文化价值自我认同的根本。一个反对是指反对西方“普世价值”的观点和侵袭，西方认为“自由、民主、人权”对于世人具有普遍的意义，是“普世价值”。实际上，“自由、民主、人权”所涵盖的权利具有客观性和特殊性，根本就不能形成所谓的“普世价值”。

根植于中华民族传统文化土壤中的传统体育养生文化与社会主义核心价值观，共同沐浴着中华民族传统文化的滋养，使得二者在价值理念方面具有高度的相似性。例如：传统体育养生注重人自身的、人与自然的、人与人之间的和谐，社会主义核心价值观强调以实现社会主义社会中人与人、人与社会、人与自然环境良好互动、相互促进的关系状态（韩震，2012）的和谐；以人为本是传统体育养生文化的精神实质，“将人作为价值的原点、价值的中心，将唯人主义作为最高原则，肯定个体健康在生命历程中的价值与意义，维护个人健康的权利，崇尚健康的生活方式，在运动中追求人性的真、善、美的高度和谐统一”①。自由、平等、公正、法治则是社会主义核心价值观以人为本的具体体现。传统体育养生文化中“修身、齐家、治国、平天下”的人生准则与社会主义核心价值观个人层面所提倡的理念一致。

传统体育养生文化与社会主义核心价值观价值理念的高度相似性决定了坚持中国特色社会主义核心价值观就是积极倡导、践行传统体育养生文化的实践过程，而大力推广、宣传、传承、发展传统体育养生文化的过程也是进行社会主义核心价值观教育的过程，是推动社会主义核心价值观形成的实践载体。

5.4.2 重视原色教学 弥补文化缺失

传统体育养生文化是有关身体养护的传统文化，是以人体自身调形、调息、调心为基本手段的身体练习理论和方法体系为核心的所形成的物质的、制度的、精神的总和。传统体育养生文化是身体实践、体悟的文化，以三调为基本手段的身体练习方法是传统体育养生文化传承的技术载体，原汁原味的技术传承是传统体育养生文化得以传承的保障。

英国哲学家波兰尼曾表达过这样的观点，我们内心知道的东西远比我们诉说的东西要多得多。因此，他认为人类知识可以分为两种：一种是以书面的文字、图表和数学公式表述出来的可以言传的知识；另一种是无法通过某些具体的东西加以表达，而只能意会的非系统阐述的知识（许良，2004）。传统体育养生文化则是由能够清楚地表达出来的部分

① 白晋湘．民族传统体育文化学［M］．北京：民族出版社，2004：68－89.

和无法用语言给以明确表达的部分所构成的整体。能够清楚地表达出来的部分称为明言知识，这是新媒体传播所能够传播的部分，无法用语言给以明确表达的部分称之为难言知识，这是新媒体传播所不能克服的障碍所在。

传统体育养生文化的传承方式有血缘关系的家族传承、模拟血缘关系的师徒传承、契约关系的学校传承，无论哪一种传承方式，都是原色教学的技术传承。因为，传统体育养生文化中的难言知识是“未加编码或难以按逻辑规则编码的高度个体化的程序性知识，直接有赖于个体在实践中的体验、直觉及洞察力”①。传统体育养生文化的内容知识决定了传统体育养生这种高度个体化的技术知识，必须有“言传身教”和“身体力行”的原色教学形式，也必须通过“言传身教”和“身体力行”的原色教学使学生对技术所蕴含的价值观念、习惯性思维方式、特点心理等意识形态层面的东西加以认同，才能使传统体育养生文化意识形态层面的东西通过外在技术动作的学习而得以继承和发展，以弥补新媒体传播所导致的文化滋养的缺失。

国家级非物质文化遗产名录的设立便是国家对原色教学的重视。血缘关系的家族传承与模拟血缘关系的师徒传承是古代传统体育养生文化的主要传承方式，而今，这种传承方式以国家非物质文化遗产传承人的方式重新定义与定位，以保证文化传承的延续性与技艺的完整性。这种注重原色教学的传承方式，师父身体力行传授给徒弟的不仅仅是简单的技术动作，还有对技术所蕴含的文化含义的解释与点拨，以及自身对技术的理解与体会。徒弟则在师父手把手的悉心指导下，从点滴的技术入手，体会技术深处的文化内涵，意会文化内化的技术特点，展现技术外化的文化。

《中华人民共和国非物质文化遗产法》的颁布不仅为传统体育养生

---

① 王飞，曾天雪．基于技术难言性的民族传统体育课程研究［J］．武汉体育学院学报，2010（9）：70－73.

文化的原色教学传承提供了政策保障，还为传统体育养生文化开展原色教学提供了经济、场地设施等方面的支持，同时，非物质文化遗产法的法律条文也明确了非物质文化遗产传承人的权利与义务，开展授徒、传艺等传承活动，培养后继人才是非物质文化遗产传承人必须履行的传承义务，也反映了国家对技艺传承原色教学的重视程度。

重视原色教学的师徒传承是培养传统体育养生文化后备人才的“精英教育”，是培养传统体育养生文化大师级人物的尖端教育，是对传统体育养生文化技术完整性、真实性的最后监控防线，也是弥补新媒体传播传承传统体育养生文化不足的最好补救措施。

5.4.3　树立文化自信　增强文化认同

北京大学哲学系郭建宁认为：“全球化引起世界各种思想文化的对话，历史的和现实的，外来的和本土的，进步和落后的，积极的和颓废的，相互激荡，相互对接，有吸纳又有排斥，有融合又有斗争，有渗透又有抵御。因此，保持和发展本民族文化的优良传统，大力弘扬民族精神，同时实现文化的与时俱进和开拓创新，是关系民族前途和命运的重大问题。”① 这段文字是说，面对多元文化的冲击，对本民族的文化应该持有明确的立场，并立足于自己的文化基础上谋求创新发展。因此，文化的创新发展需要对自己的文化给予充分的肯定和自信，即文化自信。文化自信就是要对传统体育养生文化满怀自豪，对当下传统体育养生文化充分认可，对传统体育养生文化的未来发展充满信心。

5.4.3.1　思想层面：加强对自身文化的理性认知

文化自信力的确立源于自身的文化自觉。欲信于人，必先自信，文化自信心的树立源于对自身文化的理性认知与理解。传统体育养生文化

① 郭建宁．当前文化研究若干前沿问题论析［J］．新华文摘，2006（17）：113－116.

是中华民族传统文化的杰出代表，是中国先民在几千年的历史进程中亲身实践的养护身体的文化。发端于远古社会，与巫术有着近亲关系的传统体育养生文化，不可避免地带着某些神秘色彩、某些文化糟粕，但是，不可因传统体育养生文化自身的某些文化糟粕而因噎废食，全盘否定传统体育养生文化的科学性，应从思想上客观地、理性地认识传统体育养生文化。

传统体育养生文化以“天人合一”“道法自然”为养生准则，以服务于全人类（男女老少和各民族）、服务于每个人的全面健康（身体、心理、道德、社交）、服务于人的生命全周期（婴幼儿到老年）、服务于健康全过程（健康、亚健康、疾病、康复、强壮、健美）的“全面健康观”为最终实践目标。传统体育养生文化所具有的超前的运动是良医的养生理念是西方体育文化所不及之处，传统体育养生文化体医结合发展的千年历史更是令西方体育文化望尘莫及，传统体育养生文化“不治已病治未病”的预防为主的养生思想是人类解决现代文明病的良方妙药，传统体育养生文化辨证施治的养生思维使西方科学家不得不感叹中国传统文化的神奇。

西方历史学家汤因比在《展望二十一世纪》中说：“世界统一是避免人类集体自杀之路。在这点上，现在各民族中具有最充分准备的，是两千年来培育了独特思维方式的中华民族。”① 1988年，75位诺贝尔奖获得者在巴黎发表宣言称：“如果人类要在21世纪生存下去，必须回头到二千五百年前去汲取孔子的智慧。”② 日本学者沟口雄三在讨论未来世界发展时说：“面对21世纪，我们的中国学所应承担的课题是，在世界经济的发展中，批判经济至上主义的风潮，并且与利己及追求利润的原理相对抗；如何将中国思想中作为深厚的传统准则积蓄下来的仁爱、

① （英）汤因比，（日）池田大作著；荀春生等译．展望二十一世纪 汤因比与池田大作对话录［M］．北京：国际文化出版公司，1985：60.

② 卢元镇．希望在于东方体育文化的复兴——兼论从中国少数民族传统运动会向东方运动会转型［J］．体育文化导刊，2003（10）：16－19.

调和、大同等道德原理作为人类的文化遗产向全世界展示出来……”①

因此，传统体育养生文化不仅是应该继承的优秀文化遗产，还是应体现中国特色、体现民族特色的精髓，这种思想上对自身文化的理性认识与科学评价，是传统体育养生文化树立文化自信的思想基础，是增强传统体育养生文化认同的理论基础。

5.4.3.2 实践层面：多领域合作加大对自身文化研究的科研力度

21 世纪，经济、科技飞速发展，世界发生了翻天覆地的变化，人们开始享受美好的生活。然而，事与愿违，科技的进步导致现代文明病的出现，并且出现了文明病愈演愈烈的局面。对此，美国社会预测学家约翰·奈斯比特曾提出“高技术与高情感相平衡”的观点，他认为，“每当一种新技术被引进社会，人类必然会产生一种要加以平衡的反应，也就是说产生一种高情感，否则新技术就会遭到排斥”②。

当今社会，传统体育养生文化无疑是应对现代文明病的“高情感活动”载体。对这一载体的研究需要医学、力学、物理学等多领域学科的合作，加大科研力度，这样才能实现推进传统体育养生文化的科研进程，以树立文化自信，应对文明病对人类健康的威胁。实验证实传统体育养生文化所涉及的经络、外气等真实存在便是多领域合作的科研成果，实验证实所谓的外气其实质是一种分布在太赫兹波的电磁波，其波形与地球（宇宙）热辐射的太赫兹波波形几乎吻合（章文春等，2016）。目前，虽已有多领域合作的范例，但大多数研究还是以某一学科的“单兵作战”为主，多领域合作还未成为传统体育养生文化科研的主力军，国际合作更是少之又少。

发达国家看到了传统体育养生文化在医疗方面的优越性，成立了科

① 卢元镇．希望在于东方体育文化的复兴——兼论从中国少数民族传统运动会向东方运动会转型［J］．体育文化导刊，2003（10）：16－19.

② （美）奈斯比特著；姚琮译．大趋势 改变我们生活的十个新方向［M］．北京：科学普及出版社．1985：101.

研机构，展开多领域的合作研究，并以各种优厚条件吸引传统体育养生术的专业人才前去教功、治病、做科研，服务其国民，以提高其科研水平。发达国家这种多领域合作的科研已使得传统体育养生术正缓慢而肯定的走入其社会和医疗保健体系。

面对发达国家在传统体育养生文化方面相对超前的研究成果，我国科研人员要打破单一学科孤军奋战的牢笼，多方面、多视角地展开多领域、多学科的合作，加大对自身文化的科研力度，这样才能避免墙内开花墙外结果的结局出现，才能实现中国传统体育养生文化的“全面健康”观。同时，还要加大对传统体育养生文化的宣传力度，制定相关的政策以支持、保障多领域、多学科合作科研的顺利展开，并对所取得的科研成果进行宣传以推广，以增强自身文化的认同感。

通过思想上加深对自身文化的理性认知、实践上加大对自身文化研究的科研力度，使传统体育养生文化重新树立文化自信，对传统体育养生文化科研成果的广泛宣传增强了自身文化的认同感。树立了文化自信的传统体育养生文化，才能正视文化冲击、正视异域体育养生文化，以实现本土传统体育养生文化与异域体育养生文化的“美人之美及美美与共”，并在此基础上实现传统体育养生文化的整体文化认同效果，追求和而不同以实现人类大同。

健康是生命的源泉，没有健康，就没有人们幸福美好的生活。关注健康就是关注民生，“没有全民健康，就没有全面小康。”这是习近平总书记就“健康中国”建设而反复强调的一句话。“全民健康”的全面小康社会的建设，对于传统体育养生文化的发展来说是机遇与挑战并存。在新媒体传播打破了传承发展路径、多元文化冲击下的文化认同障碍、国际化背景带来的价值观念碰撞的多重挑战下，传统体育养生文化只有在坚持中国特色的社会主义核心价值观的基础上，重视原色教学以弥补文化缺失、提升文化自信以增强文化认同，才能从容应对挑战，抓住政策叠加的历史发展机遇，迎来辉煌的明天。

第6章

中国传统体育养生文化发展现状分析

——以健身气功为例

随着我国社会的主要矛盾发生了改变，中国传统体育养生文化可持续发展的生态圈也已经悄然发生了变化。在专家访谈的过程中，笔者就中国传统体育养生文化的发展现状进行了系列咨询。老师们认为目前虽然有不足之处，但是整体发展趋势较好。同时笔者还针对中国传统体育养生国内的知名裁判员、教练员、国家级社会体育指导员、高校教授等进行了问卷调查，就中国传统体育养生文化在国内的传承、推广现状进行了统计，其数据统计结果如图6.1所示，并得出以下结论：有58.69%的人认为中国传统体育养生文化在国内的传承推广情况葳蕤蓬勃，但是也有41.31%的人认为目前中国传统体育养生文化在国内的传承发展现状堪忧。

笔者就中国传统体育养生文化亟须发展的部分进行调查，统计结果如图6.2所示，每部分要素分别为：人才培养模式、科学研究和养生理念、技术动作、组织管理、书籍音像材料、竞赛规则、科技设备、音乐、服装、其他因素，各部分占比依次为70.09%、67.29%、60.32%、54.52%、42.92%、32.25%、26.45%、26.22%、25.29%、6.73%。

其他元素包含正确且专业的宣传、中国传统体育养生的产业化发展、与学校体育的进一步融合工作等。

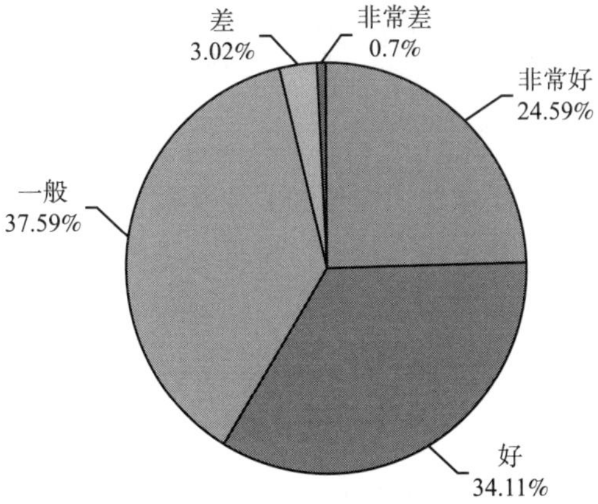

图 6.1　中国传统体育养生文化在国内的发展现状（n = 431）（单选）

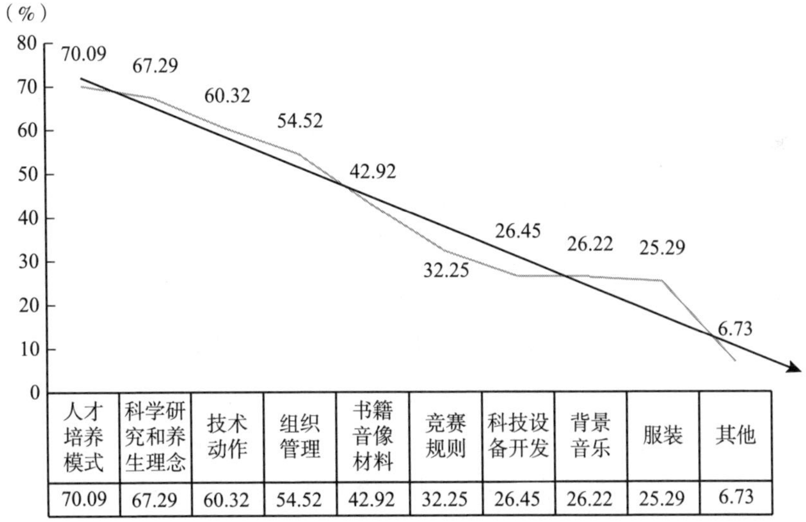

人才培养模式	科学研究和养生理念	技术动作	组织管理	书籍音像材料	竞赛规则	科技设备开发	背景音乐	服装	其他
70.09	67.29	60.32	54.52	42.92	32.25	26.45	26.22	25.29	6.73

图 6.2　中国传统体育养生文化亟须发展部分占比图（n = 431）（多选）

笔者根据文化三层次理论，分别对图 6.2 中的各个需要革新或发展的要素进行归类，将技术动作、服装、音乐等要素归为物质层面；将人才培养模式、组织管理等要素归为制度层面；将科学研究和养生理念等要素归为精神层面，逐步展开分析。

6.1 中国传统体育养生文化物质层现状

物质基础决定上层建筑。在仔细阅读文献资料的基础上，通过对访谈结果以及问卷数据的整理与分析，将技术动作、音乐、服装配饰、书籍音像资料、科技元素等纳入中国传统体育养生文化的物质层面。物质层面的发展桎梏着中国传统体育养生文化在新时代多维生存的基础。

6.1.1 技术动作内容有待进一步丰富化

基本的技术动作是组成中国传统体育养生的固有元素，武术的基本动作有踢、打、摔、拿、跌、击、劈、刺等；太极拳的基本技术有倗、捋、挤、按、冲拳、栽拳、贯拳等。学者们关于传统体育养生技术动作方面的相关研究一般也会分为动作内容和演练内容两个部分，且多侧重竞赛角度。但是随着社会生产力的发展，人们的生活条件发生了巨大的改变，对中国传统体育养生的需求也发生了变化，传统体育养生已经逐渐变成了人们用来强身、健体的手段之一。这也直观地说明发展的时代阶段不同，主要的发展任务也不同。正如从 2001 年开始，我国的健身气功管理工作就进入了规范化管理和科学发展阶段。健身气功发展的初始阶段是技术动作方面的主要任务是对传统的健身气功功法进行挖掘、整理与编创，推进健身气功的功法建设并快速占领健身养生的群众市场，几年期间先后编创并推出了 9 套健身气功传统功法，此时的健身气功功法只强调普适性，适用对象为广大群众。进入新时代后，健身气功在技术动作方面持续进行完善，满足群众对美好健康生活的向往和追求，并且发展得越来越精细化，逐渐演变出健身气功气舞，在原有技术动作的基础上增强了观赏性与体育美感。2020年国家体育总局健身气功管理中心积极响应“创新性发展、创造性转化”的号召，积极调动各方专家制定并颁布《健身气功运动处方研制指南》并试行《健身气功运动处方师培训大纲》，技术动作编创的方向细化为针对不同人群、不同疾病定向研制，逐步向健身气功运动处方不断靠拢，相继推出脊椎平衡方、降压方、帕友方、九种体质运动方等多种运动处方。但是笔者发现目前健身气功运动处方基层普及情况、群众练习的情况都不是很可观的现实问题，因此继续研发更多的新动作、基层的教学与普及工作均是健身气功项目接下来的工作指向。

虽然健身气功目前已有运动处方的先例，但是很多中国传统体育养生项目主要流传范围还是在民间，主要的传播方式还是口授身传的师徒传承或者家族传承，且某些拳种流传的地理偏僻，与外界沟通交流的困难，都使得一部分的中国传统体育养生项目面临着失传的可能（张斌等，2005），特别是部分拳种失去了军事价值之后就更是如此，而能被基层群众普遍熟知且经常进行练习的只有太极拳、健身气功等，这表明中国传统体育养生项目的传承、推广、创新等方面都存在新时代亟须革新、发展的问题。

通过对此次问卷数据的整理与统计也得出以下结论：有60.32%的老师认为技术动作的内容有待丰富，挖掘与创新工作必须重视起来。经过对比，其权重指数仅次于人才培养模式与养生理论阐释的创新，由此可见现有的技术动作或固有的动作组合依然不能满足当今人们的健身需求。有专家就表示“自国家体育总局健身气功管理中心成立20多年，官方接连推出的功法一共九套，基层练习较多的也只有‘一五六八’这四套”。健身气功管理中心的D老师也在会议中提到“下一步总局健身气功管理中心的工作重点之一就是加快技术动作的整理挖掘、编创以及推广工作，让健身气功切实服务好更多群众”。尽管健身气功项目取得了一定的成就，但仍有很大的未来发展空间，这也是健身气功未来将继续努力的方向。

6.1.2 书籍音像资料有待进一步专业化

从古籍到碑帖，再到书画与青铜器，优秀的中国传统体育养生文化如流水一样，没有固定的形态，在时代的缝隙中流动自如。1973 年在长沙马王堆三号汉墓出土的《导引图》是目前已知的中国传统体育养生内容的最早记载形式。而书籍、音像资料等成为中国传统体育养生文化在现代的主要流传载体，专家团队不断对古籍里的中国传统体育养生文化内容进行挖掘与整理，并将其记录在册或将技术动作的教学、演练视频等刻成光盘，内容、形式逐渐丰富。如健身气功教科书由只有中文版本如今发展到外语书籍有英语、法语、德语等五种语言版本，译文版本相对于成立之初而言有一定程度的丰富，扩大了语种的辐射覆盖范围，而且中国健身气功协会为了方便阅读有困难的健身气功爱好者，特意不定期地在微信公众号推送精品文章的朗读版本（见图 6.3），阅读的内容涉及传统文化、健身气功技巧、中医理论等，旨在满足更多人群了解健身气功、学习健身气功知识的需要。

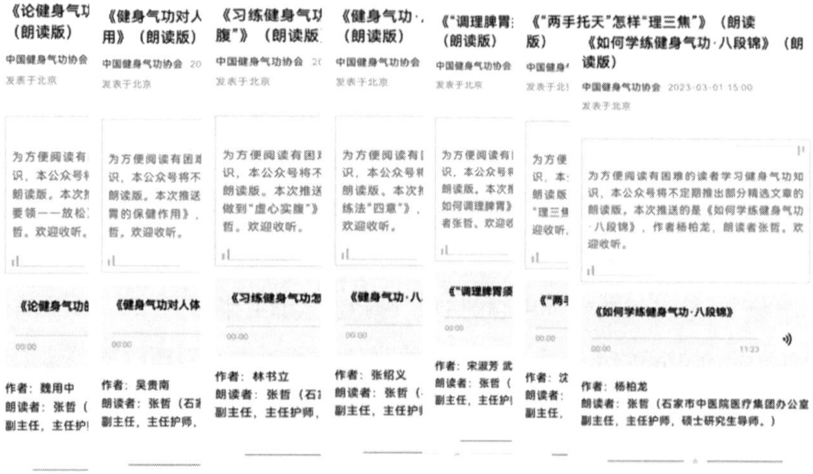

图 6.3　中国健身气功协会微信公众号有声推文（部分）

健身气功项目发展至今，健身气功管理中心不仅一直致力于创新、完善技术动作，满足不同人群的需求；还在音乐上不断丰富音乐库，在书籍、音像资料的规范化和统一化方面下功夫；还积极丰富服装材质与款式，让参与者更好地感受到健身气功的魅力。虽然健身气功在书籍音像资料方面做出的举措都能有效促进项目的传承与传播，但是笔者就是否还有必要对目前官方出版的书籍和音像制品资料进行创新与补充这一问题进行问卷调查时，统计结果如图6.4所示：依然有29.5%的老师认为非常有必要进行创新与补充；有53.6%的老师认为有必要的进行创新与补充；仅有极少数老师认为没有必要。这说明健身气功项目乃至中国传统体育养生在书籍音像资料方面仍有较大的发展空间。

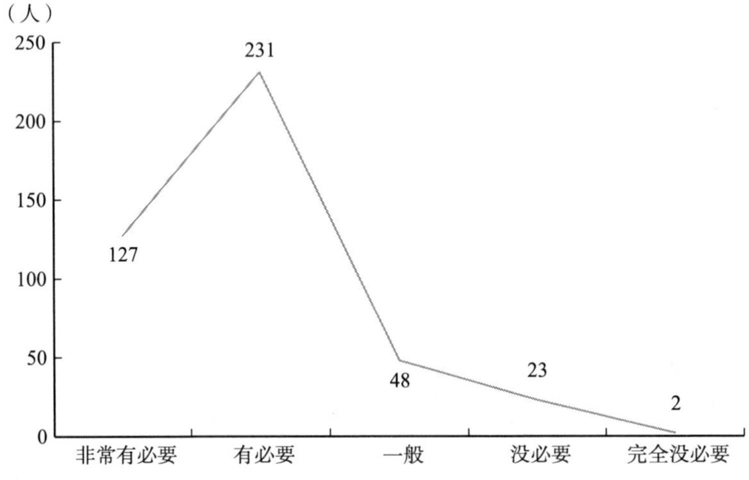

图6.4　创新发展官方书籍和音像材料的选择情况（n=431）（单选）

据调查，目前国内官方政府关于民族传统体育养生的相关书籍，譬如教学、传播、理论知识等各个方面的数量十分庞大，但是总体来看书籍的语言种类不多，还主要是以汉语为主，仅仅涉及英语、法语等几种语言，相对来说国外的版本数量过少，而且对于部分中国传统体育养生专业术语的翻译并不规范、不统一，在国家层面上尚没有出台翻译相关的文件政策或设置专门的职能机构。

在对汉语进行翻译方面，在访谈现场，上海体育大学张 YY 老师也提到了现在关于中国传统体育养生很多专业术语的翻译其实并不精准：比如“气”，如果直接译为“gas”或者“air”，会让外国学员理解成我们正常呼吸的空气，如果直译为“Qi”，则还需要对此进行二次解释，即“vital energy that is held to animate the body internally”；而且在国际上关于这个传统体育养生的翻译也更是五花八门，如仅太极拳一词就有“Tai chi”“tai chi”“taijiquan”等好几种译本。所以中国传统体育养生专有术语的翻译亟需统一化、标准化（曹雪莹等，2015）。还有学者认为，造成上述翻译混乱情况的原因主要是尚且没有专门的职能部门进行统一化的管理（范兴伟，2019）。

同时，笔者在走访养老院、福利院等福利机构的时候还了解到目前中国共有 890 万视物障碍的人群，人口数量较多，但是目前盲文等特殊字体暂时并没有进行针对中国传统体育养生文化的专项化开发，盲人群体得到的社会关注以及体育关注也普遍呈现边缘化的现状。

6.1.3 音乐风格元素有待进一步多元化

用音乐来配合巫舞的情况在古代就已经存在。在远古时期，原始人的祭祀形式为“击铜鼓，弄鞘刀①”，此时的歌曲、舞蹈、神话、咒语等内容是当时的祭祀活动的主要载体，也是不可分割的现实混合体。随着时代发展至今，音乐依然是中国传统体育养生活动的重要组成元素之一。目前的音乐风格元素在增加，如健身气功的背景音乐方面，在初始阶段“一五六八”的音乐只有统一的六分钟配乐、太极养生杖等第二批功法均为七分三十秒的配乐（至今多在竞赛中沿用）。但是进入新时代后随着健身气功气舞的出现，背景音乐逐渐丰富，如在全运会、全国

---

① 詹勤．神灵与祭祀［M］．南京：江苏古籍出版社，1992：67.

健身气功气舞等比赛中，出现了《鸿雁》《大海啊故乡》《九儿》《女娲补天》等音乐，不仅充分展现了浓厚的民族文化和地域特色，同时还大幅提高了健身气功习练者的习练热情。虽然如此，但是如图 6. 2 所示依然还有 26. 22% 的专家认为应该在尊重中国传统体育养生项目特色的基础上，对其音乐元素进行进一步的创新与融合。

在访谈过程中，有部分专家也提出目前的中国传统体育养生项目的背景音乐大多数是以轻音乐为主，正如健身气功的几套技术基本都是同一音乐循环重复播放多次，上文中也提到音乐虽然可以帮助引导初学者快速进入沉心静气的练习状态，如果是在竞赛中是为了统一规格，但是在群众日常练习时，同一首音乐循环往复地听都会形成听觉适应的现象，也就是常说的“耳朵起茧子”了，从而降低了对背景音乐的听觉敏感程度，给功法爱好者造成听觉上的审美疲劳，久而久之也无法在听觉上及身体的感觉上获得美的享受，愉悦身心的效果也会相比练习伊始差很多，整体的练习效果也会相应地受影响，长期下来则会在一定程度上弱化健身气功的健身功效。在走访过程中，也有一些习练者也聊到是否可以采用其他具有民族特色、地域特色的音乐来丰富中国传统体育养生的项目？比如京剧、昆曲、秦腔等，这些音乐都具有独特的民族特色和地域特色，可以给参与者带来更加丰富的体验。

6. 1. 4　服装材质款式有待进一步多样化

一匹华丽、细腻的丝绸，制成了挺拔的立领、如花的盘扣、对襟的袍衫，垂直、飘逸、宽松舒适的中国传统体育养生服装似乎成为中国在世界民族之林所特有的民族文化符号。中国传统体育养生的服装因为具有强烈的民族个性与中国风格，备受世人的喜爱，在中国传统体育养生文化的发展历程中，服装的美感与舒适也占据了其中最为浓墨重彩的一笔。从“长裙长袍”到“胡服骑射”再到“对襟马褂”，中国传统体育养生服装的变化与中国传统体育养生文化在当今时代的发展态势是密切相关的。

于海滨、李静（2012）认为从服饰的产生伊始，人类就将自己的生活习俗、审美情趣以及各种文化形态、宗教观念等，都融入了服饰之中，通过服饰来表达自己的思想和情感，从而形成了一个完整的服饰文化内涵。少数民族也更是将民族历史、民族服饰以“色彩、造型、图案纹样”等元素在充满激情的民族传统体育运动中展现出来，设计出了代表自己民族的“精神内涵和文化符号的服饰语言”，比如将民族服饰分为上衣、下裳、腰带、鞋子等，每一件服饰都有着独特的风格和文化内涵，使得少数民族服饰在视觉上具有独特的魅力（贾瑞光，2018）。还有学者也提出自己的见解：服装的变迁不仅仅是运动项目的需要，也是艺术性的转变，更是继承传统文化的需要，也是推动中国传统体育养生文化走出国门、在世界占据一席之地的重要影响因素（杨若冰，2021）。

在访谈过程中，上海体育学院 Z 老师也提到了在欧洲传播教学的过程中也存在着服装的相关问题，笔者记录下了与 Z 老师的部分谈话内容：

Z 老师：在欧洲传播教学过程中，国外学员都特别喜欢咱们的传统服装文化，但是也有个别的学员就丰富多彩的中国传统服饰和统一化的跆拳道服装提出了疑义。

笔者：那出现了哪些问题呢？

Z 老师：众所周知，跆拳道服装的标准化程度很高，主要色彩是白色和黑色，腰带颜色不同代表了相应的级别。这种鲜明的等级制度确实可以激励学员积极练习，提高运动技能水平，但是这种明显的积极进取和中国传统体育养生的初衷是相悖的。中国传统体育养生目的是健身、可以继续丰富服装的材质、款式的选项，扩大国际影响力。

由此可见，基于项目本身的特点，中国传统体育养生的服装文化正以其飘逸与美丽的形象吸引着世界。这也成了中国传统体育养生文化不断推广与传播的标志之一，应该在服装款式设计上有待加强，加快中国传统体育养生项目在国际上传播进程。

6.1.5　高科技融合使用有待进一步提升

美津浓公司利用高科技为卡尔·刘易斯制作了超轻的专业跑鞋，助其在世界田径锦标赛上创造了百米9.89秒的纪录；电子鹰眼、视频回放等技术逐渐被使用到了排球、足球的竞技比赛中；电子护具系统和电子感应袜也逐渐融入跆拳道的发展中。事实证明：随着社会生产力的发展，科学技术已经被大幅度地运用到体育运动项目中。但是在中国传统体育养生的教学、演练过程中，还是有很多的老拳师们在坚守着言传身教、家门传承的教学方法（温力，2018）。不管是触摸屏交互的指套式盲文再现系统，还是VR、AR技术等高科技产品的使用乃至于了解情况相对来说还比较匮乏，甚至可以说是几近为零。笔者对专家老师进行在中国传统体育养生领域对高科技产品的了解、使用等情况进行了问卷调查，调查结果如图6.5所示：有将超过半数的专家老师几乎从来没有接触并使用过中国传统体育养生的相关App或者科技产品，年龄较大的专家更是表示中国传统体育养生都是更倾向于言传身教，当然也有少部分的专家接触过相关的App或者高科技产品，但是并不是专业化的App。

笔者就中国传统体育养生类专业佩戴设备以及相关App的开发市场前景对专家进行调查，统计结果如图6.6所示：有超过60%的专家认为其开发空间较大，且有很大的市场价值，33.41%的专家认为较为一般，仅有2.55%的专家认为市场前景较小。综合国际市场发展以及中国传统体育养生文化的发展趋势来看，智能化设备逐步投入使用将成为必然趋势，未来世界的革命一定是一场以科技和信息为主导的变革。

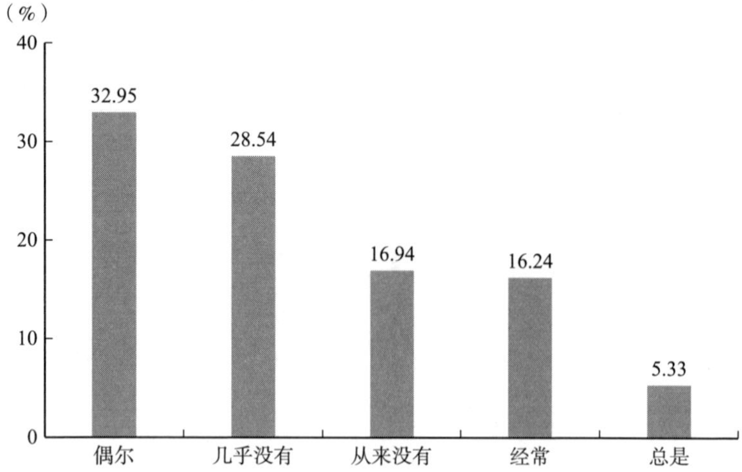

图 6.5　中国传统体育养生类科技设备和 App 的使用情况（n = 431）（单选）

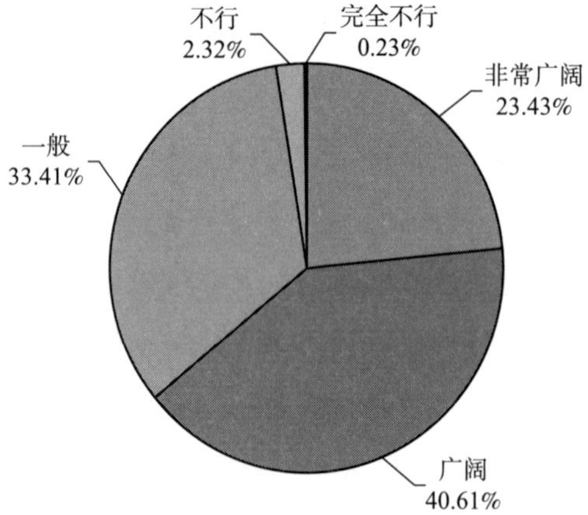

图 6.6　中国传统体育养生智能设备和 App 的开发前景情况（n = 431）（单选）

6.2　中国传统体育养生文化制度层现状

通过对访谈结果以及问卷数据的整理与分析，笔者将人才培养模式、各部门联动配合、相关考核机制等方面纳入中国传统体育养生文化的制度层面。制度层面影响着中国传统体育养生文化在新时代的规范化发展。

6.2.1　人才培养模式发展滞后

传统文化的不断发展，就必须要有自己强大的人才储备库。如健身气功管理中心为了贯彻党的二十大精神，紧盯体育强国建设人才需要，2023年举办两次健身气功初级教练员的岗位培训（见图6.7），为更多的健身气功爱好者提供更专业的教学指导，这也意味着健身气功项目在岗位分工上逐渐更加明确化与精细化。

体育总局办公厅关于做好2023年全国体育教练员岗位培训工作有关事宜的通知

发布时间：2023-03-14　　来源：科教司　　字体：大 中 小

39	健身气功	2023年第一期全国健身气功初级教练员岗位专项技能培训班	初级专项	国家体育总局 健身气功管理中心
40	健身气功	2023年第二期全国健身气功初级教练员岗位专项技能培训班	初级专项	国家体育总局 健身气功管理中心

图6.7　健身气功初级教练员培训工作安排

进入新时代后，健身气功项目不仅分工更加明确，而且健身气功的基层培训工作不再是只针对体育人了，而是积极响应国家号召，已经面向养老机构的护工、高校师生、国家公职人员、医务工作人员等社会上的不同工种开展培训工作。针对健身气功教练员的不同层次和不同专业领域，以线上或线下的形式提供全面、系统、专业的培训和进修课程（见图6.8），提高健身气功教练员的专业技能和综合素质，争取为人民群众提供多方位、全周期的生命健康服务。

就中国传统体育养生文化的人才培养模式这一问题，笔者对此展开了访谈和问卷调查。通过访谈内容以及现行的文件可以看出：发展至今健身气功管理中心一直在为健身气功的人才培养而不懈努力着，但是结合问卷数据结果来看，笔者却发现专家老师们依然提出了以下几点问题：培训人群覆盖不全面、产学研融合相对较薄弱、面向基层端口倾斜较少、重体轻“文”文化内涵培训较少、培训课程定位不精准等问题（见图 6. 9），这说明包含健身气功在内的中国传统体育养生文化人才培养依然有发展空间。

为满足广大爱好者学练健身气功的需求，特别是希冀通过学练健身气功提高人体免疫力、有效抗击新冠病毒感染，我们特邀请专家面向广大群众开展系列网络公开课，欢迎大家积极参与。有关事宜通知如下：

一、授课时间

2022年12月13日至15日。

二、授课内容

授课内容和时间详见附表。

三、网络平台

腾讯会议直播。

四、观看方式

1.点击中国健身气功协会微信公众号底部菜单“公开课”。

2.点击以下链接：

https://meeting.tencent.com/l/Y3osPXfayIZB

2022年健身气功网络公开课日程

时间		主要内容	授课专家
12月13日（周二）	14:00至17:00	气功健身原理与养生智慧	王　震
12月14日（周三）	8:30至11:30	易筋经健身原理的中医阐释	章文春
	14:00至17:00	易筋经练功窍要与练功阶段	雷　斌
12月15日（周四）	8:30至11:30	八段锦健身原理的中医阐释	陈昌乐
	14:00至17:00	八段锦练功窍要与练功阶段	张彩琴

图 6. 8　2022 年健身气功公开课安排

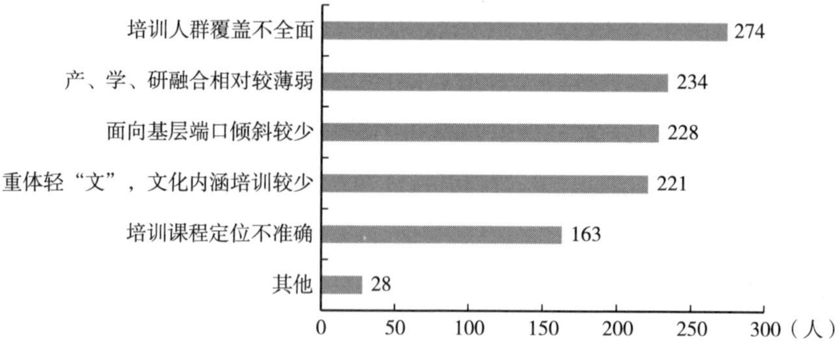

图 6. 9　人才培养模式现存问题情况（n = 431）（多选）

6.2.1.1　培养范围覆盖不全，人才流动有待加强

中国传统体育养生起源于中华劳动人民的生产生活中，凝聚着中国人民的民族信仰、群体意识形态、思维逻辑方式和社会行为，在如今的全民健身活动中更是发挥了不可替代的作用。虽然不少专家老师认为中国传统体育养生文化目前在我国的发展前景良好、势头十足，但是就其人才培养模式来说还是存在空间失衡的现状，通过图 6.10 还是可以看出有 63.57% 的老师认为最高传统体育养生的相关培训人群覆盖不全面，有 52.90% 的老师认为面向农村基层的培训端口太少，更有调查数据如图 6.11 表明：有超过 60% 的专家认为现已出现了城乡人才分布结构失衡的状态。

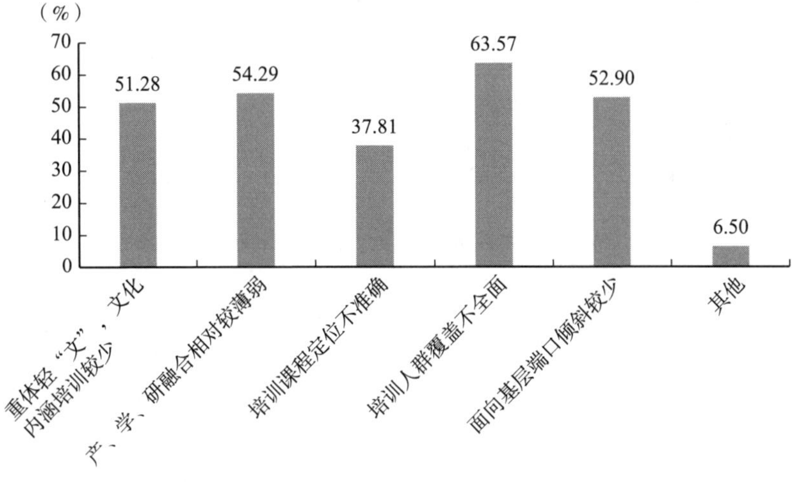

图 6.10　人才培养模式现存问题情况（n = 431）（多选）

通过查阅资料和访谈相关专家、学者，笔者了解到目前的培训范畴多是中国传统体育养生的社会体育指导员、裁判员、教练员等专业化人群，在基层面向其他工种的培训工作开展较少，以至于中国传统体育养生健身缺乏最基层的教学指导与管理，多数则处于无人教学的状态。一

些想通过中国传统体育养生项目来锻炼的人面临着不知道该怎么选、不知道该怎么练的尴尬局面。笔者通过暑期走访烟台市部分社区，发现群众的传统体育锻炼方式多为太极拳、健身气功、太极剑三类，练习内容较为单一，且只针对技术动作进行模仿练习，对其他内容缺乏认知和了解。让中国传统体育养生项目的爱好者在锻炼内容上没有太多的选择空间，无法满足其各种健身需求。

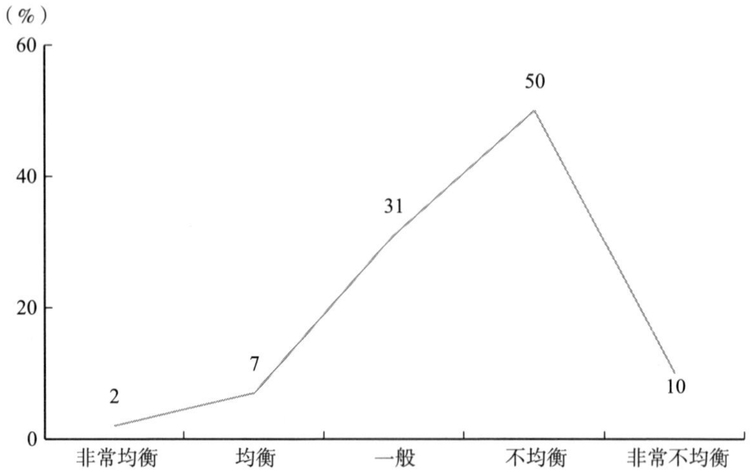

图 6.11　传统体育养生人才城乡分布状态（n＝431）（单选）

此外还通过访谈了解到面向乡村的培训活动场次较少、且规模不大，这是造成城、乡人才分布不均衡的根本原因之一，其次是乡村居民的健身养生意识不强等。也正是因为这些因素导致了城乡之间中国传统体育养生文化推广效果的显著性差异。究其原因，笔者记录下了与安徽省社会体育指导中心 M 老师的谈话：

笔者：M 老师，您好。方不方便向您了解几个问题？

M 老师：可以啊。当然方便。

笔者：您有丰富的基层推广经验，您认为目前中国传统体育养生在城市和乡村的推广情况有没有差距？

M老师：是有的，虽然我们在总局带领下，一直致力于做体育扶贫，但是城乡推广效果差距还是十分明显的，且农村急需解决的难题有很多。

笔者：那，您在农村教学过程中遇到过什么难题啊？

M老师：在这个过程中很有难度啊。首先是农村缺专业化的教学人才，让人才常驻农村也不太现实，所以农村工作的当务之急是培养农村当地人口成为指导员，比如村支书、大队会计啊，带动大家练习。其次要知道农村百姓的这个健身意识是比较薄弱的，他们虽然听说过气功，但是至于健身气功，他们不是太了解，跟他们讲了以后，乡亲们又问“这个能治病吗?”，我们又解释这个是健身的、养生的，经常练习，可以起到缓解疾病、增强体质的作用。

笔者：那目前咱们的教学效果怎么样啊？

M老师：我们上面有老师在教学，动员他们上去跟在老师后面练练，他们好像有点缩手缩脚、都不愿意上去施展不开的样子。普通农村的老百姓大多数喜欢在门口坐着不动，晒晒太阳。农村工作只有相应人才到位，牵拉带动，百姓的健身养生意识才能逐渐跟上来。

访谈内容表明，在中国传统体育养生的人才培养工作存在着培训人群、工种覆盖不全面的问题，基层教学指导工作出现了“空白区域”，且城市和乡村的人才分布结构失衡，因此在今后的培训工作中应该有重点的多工种人才培养、本土化精英培养，促使中国传统体育养生文化更好地扎根基层、造福百姓。

6.2.1.2　培训课程结构失衡，培训手段有待丰富

在我国古代，中国传统体育养生流传的主要是技艺和相关理论，同时也在流传着中华民族的民族文化精神。在现代传播过程中，也应该是

技艺、理论内涵、民族文化精神三者同时传播。从教育的角度而言，学习技术的同时，加深了对理论内涵和民族文化精神的了解和认同，无疑是提高民族自信心和民族凝聚力最有力的法宝（陈大鹏等，2022）。由图6.10的调查数据可以了解到：有221位老师认为在以往的培训工作中存在着“重体轻文”的现象，即对技术动作的教学纠正频次安排较多，对理论内涵的课时安排偏少，即使有涉及，部分参会学员也反映“太深奥了、比较难懂”“这些内容适合给大学生去讲课、我们实在是听不懂”，这也就导致了培训学员在此次培训中对理论知识学习的参与度、积极性不高，并且在参会学员今后的实际工作中也是以技术教学为主，毕竟关于技术动作的文化内涵，自己本身也是一知半解。

笔者：您好，L老师。在您以往参与过的培训中，技术课和理论课时安排情况如何？

L老师：（思考一下）日程上倒是都有安排，但是基本上都是以技术动作、判罚的学习为主，学员们在课余时间也在组队或个人练习技术动作，你们应该看到今天早上在楼下就有几组学员在练习。

笔者：是的老师，我们看到了。那么到底是什么原因导致的这种情况呢？

L老师：首先是理论的东西，我们有的时候也是听得云里雾里，再者就是我们实际工作中理论内涵其实很少用到（旁边有几位老师也附和认同）。

以上访谈内容表明，在中国传统体育养生针对国内的人才培养工作中存在着培训内容偏重技术动作、不重视文化理论内涵的教学问题。除此之外，有部分老师认为“我参加的几场培训多数是通篇讲理论和我们互动不多、课堂趣味性不强，相当于是满堂灌，甚至还真的有学员在上课时出现昏昏欲睡的情况”。近几年，现代科学技术在飞速地发展，多媒体教学设备的使用情况在逐渐攀升，在很大程度上丰富了培训手段，教学方式也由原来的板书演变为ppt、动画等方式，但是此举不能一直吸引学员的注意力，还随之出现了一个问题是教师过分地依赖多媒体教学工具，“课件”成了授课的主体。这一点在笔者亲身参与过的几场培训中也略有体会，几乎都是采用了满堂灌的教学模式，课堂上只有讲师念ppt文字的声音，几乎没有师生之间、学生之间的交流，这也是造成中国传统体育养生文化理论传播难的原因之一。丰富的培训手段是培训效果的重要保障之一，在培训工作上一味地灌输式教学或者用多媒体来替代培训讲师的引导作用，将直接影响培训效果的好坏。

6.2.1.3　培训考核指标单一，评价标准有待统一

对学员进行考核，是最直接的监督，也是最直接的激励。科学完善的考评制度确保了培训方案的制定、避免培训过程中存在的问题和培训效果（张意爽，2021）。通过调查了解到在多数的中国传统体育养生的培训方案的内容中一般都设置了日程安排，但是并没有十分清晰地注明最终考核方式、考核内容、考核通过率等具体内容，培训工作的最后考核多是为了完成任务敷衍了事。

培训承办机构的培训评估制度并不完善，没有一套业内共同使用的培训考核章程。首先，目前业内缺少对培训者的统一资质评定标准，对培训讲师的培训能力和水平没有专业的级别界定。其次，部分培训机构会将学员的考勤记录作为结业成绩，抑或是在培训结束时简单地展示一下技术动作的学习成果，没有对学习效果进行全面的检验，以至于学员对自身的掌握程度也不是完全了解。最后，培训承办机构不会长期追踪学员回到工作岗位上的教学、指导行为。

考评制度不完善，导致培训效果参差不齐，也间接导致了群众在健身活动过程中内容单一、动作错误的尴尬局面，严重阻碍着群众参与的积极性，阻碍了中国传统体育养生项目在人民群众中的普及和推广。谈及此，笔者在生活中也留意到学校周边一广场的群众晨练的健身气功·八段锦与太极拳均存在部分的错误动作，笔者利用课余时间走访多个社

区后，却发现技术动作不标准的这种情况并不是个例，于是在导师的指导下带领师弟师妹们参与了学校周边社区的义务教学活动。

基层依然存在学习难的情况，笔者记录了与其中一名习练者 D 奶奶的对话。

> 笔者：D 奶奶，你们每天早上练的健身气功是有专业的学习过吗？
>
> D 奶奶：哪有专业学过啊？我们几个就是跟别人学了几遍，就一直在练了，除了这个八段锦，我们还会一点太极拳，其他的项目就没人会了。要是有人能教我们就好啦。

以上对话表明，中国传统体育养生的培训工作虽然在进行中，但是基层落地效果并不理想，也就需要今后的培训工作宽进严出，严把考核关卡，对参训学员进行长期的回访与工作追踪。

6.2.1.4 产学研用融合薄弱，成果转化率有待提高

20 世纪 80 年代，教育部提出了一套以科研、人才培养和科研成果为核心的产学研协同创新机制，以促进国家技术创新发展和经济增长。这一机制的建立旨在促进产学研的合作，充分利用学校、企业、政府等不同机构的资源，进行技术创新和研究开发以及人才培养，以提高国家技术创新能力，推动经济发展。随着时代发展，已经形成以企业、学校（科研机构）、政府为主体、以市场为导向的技术创新合作体系（姜亮亮，2011）。但是在中国传统体育养生文化开发过程中，最常见的就是俱乐部、培训机构等，除此之外的形式极少，在此次调查中有 54.29% 的老师认为中国传统体育养生文化在产学研用方面融合情况十分的薄弱（见图 6.10）。

中国传统体育养生自身的社会经济价值增加值较高，但是目前的内在发展动力不足，在很大程度上影响了中国传统体育养生项目与文化的

传承推广问题。既没有充分利用中国传统体育养生文化在高校、研究所等科研机构的大量研究成果，诸如健身气功运动处方等，形成“政府—科研机构—企业”的良性产业循环结构，也没有很好地和不同地域的旅游资源等特色结合起来，形成“民族传统体育养生＋资源特色”的发展协同体。

6.2.2　部门联动协调配合有待进一步提高

为了增强人民体质、提高全民健康水平，更是为了顺应人民对高品质生活美好愿望的内在需求，推动体育管理部门和其他部门的联动工作迫在眉睫。在同国家体育总局武术运动管理中心的M老师访谈过程中，笔者了解到一场体育赛事的举办需要多个部门的协同配合，如一场城市级以上的竞赛往往需要举办方、市政府、组委会、城市公共服务部门、承办方、场地方等多个部门的联动。经过同专家老师的访谈，笔者发现就目前的发展来看中国传统体育养生与其他部门的合作联动主动性不高，主要总结为以下几个方面：

第一，联动单位协助的积极性不高。因为联动单位和体育部门不是隶属关系，会出现认为非本职工作而消极应付的现象，此外各单位对中国传统体育养生工作的认识不同，缺乏有效沟通与协调，在一定程度上影响了中国传统体育养生活动的开展。如中国传统体育养生与文化旅游部门的合作联动不足、融合度不高，在文化旅游部门中传统体育养生的价值和作用并没有得到充分的发挥；与媒体宣传部门的合作联动不足，中国传统体育养生在各类媒体上的宣传推广不够充分，缺乏足够的曝光度和影响力。

第二，联动工作考评监督力度不够。按照“政府主导、部门协作、社会参与”的要求，主动加强沟通协调，形成工作合力。还要积极落实问责制度，传统体育养生的各级主管部门要切实负起责任，采取有效措施，加大推进力度。

第三，信息建设与联动工作需求脱节。中国传统体育养生的相关部门与其他部门之间存在信息沟通渠道不畅的情况，制约了中国传统体育养生活动的开展。

6.2.3 相关考核机制有待进一步完善

随着时代的发展，中国传统体育养生作为一种重要的养生方式和文化传承，其考核评价体系的建设也是至关重要的。如健身气功在原有组织管理的基础上不断完善，健身气功的规章制度正在逐渐细化、明确化。历经12年的摸索，健身气功裁判员的管理由《健身气功裁判员管理暂行办法》发展为《健身气功裁判员管理办法实施细则》，且2021年国家体育总局健身气功管理中心针对涉外讲师、运动处方师各自颁布了不同的文件，积极落实组织管理①。

笔者就应该对哪些考核机制进行改革与创新进行调查，调查结果为其发展提供了一个良性的补充，数据统计如图6.12所示。

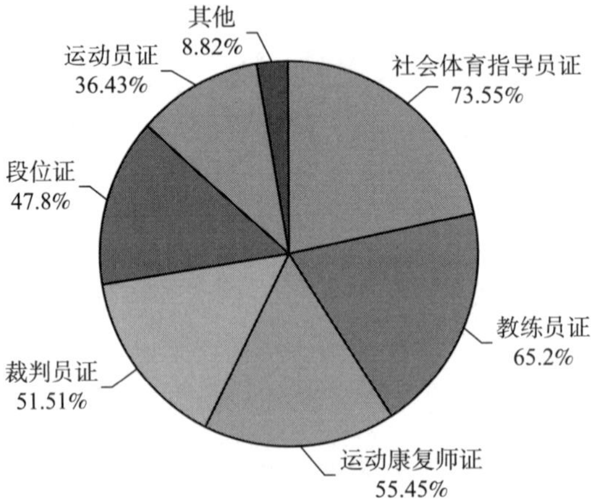

图6.12 考核机制优化的选择情况（n=431）（多选）

---

① 笔者根据国家体育总局官网信息整理。

通过图6.12可知，专家老师们指出应该对社会体育指导员证书、教练员证书、运动康复师证书、裁判员证书、段位证书、运动员证书、其他等考核进行改革创新，每部分依次占比为：73.55%、65.2%、55.45%、51.51%、47.8%、36.43%、8.82%。专家还指出对培训和赛事的举办资质、高校运动等级等内容进行改革创新。经过专家访谈，笔者还了解到中国传统体育养生的考核体系构建方面存在以下几点不足：一是各级单位缺乏统一的章程，即中国传统体育养生的管理方面缺乏上下统一的规则章程，而且问责制度的落实情况尚有可提高的空间；二是评价指标缺乏多样性，即当前的传统体育养生考核评价体系较为单一，多数情况下只是通过考试或比赛来评价学习者的水平。这种方法难以真正反映出学习者的全面素质和实际水平，也难以激发学习者的兴趣和潜力；三是评价结果缺乏社会认可，即在评价时过于注重感性体验和传统习惯的评价倾向，反而忽略了科学的研究和验证。这种情况导致了许多传统体育养生项目的效果难以证明，难以被广泛认可和推广。由于传统体育养生考核评价体系的不足，许多项目无法得到社会广泛的认可和支持，这给传统体育养生的推广和发展带来了一定的困难。

6.3 中国传统体育养生文化精神层现状

通过对访谈结果以及问卷数据的整理与分析，笔者将养生理论阐释、实证研究、中正客观评价理念、文化标识塑造等方面纳入中国传统体育养生文化的精神层面。精神层面决定着中国传统体育养生文化在新时代的价值延续。

人无精神则不立，国无精神则不强。在当今这个时代，文化认同比其他认同的重要性更为明显。中国传统体育养生文化的蓬勃发展离不开中国传统体育养生文化精神扎根沃土。笔者就精神层面如何进行创新性发展这一问题进行了问卷调查，数据统计如图6.13所示：有79.35%的专家认为要进行专业化指导；有 68.45% 的专家认为要加强中国传统体育养生文化的科研实证研究；有 58.74% 的专家认为要深化理论阐释，加深理论研究；还有 47.8% 的专家认为要对中国传统体育养生文化进行中正客观地评价，做到有扬弃地继承，对健身效果有客观的认识，还有专家指出要强化中国传统体育养生文化可以起到促进社会稳定的作用。

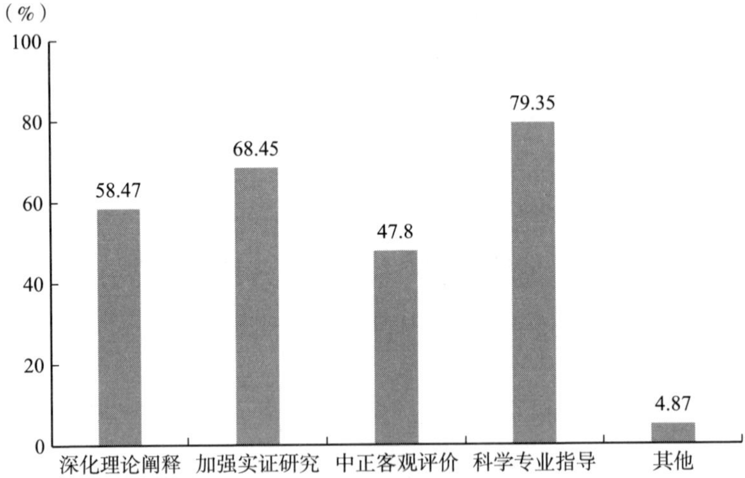

图 6.13　精神层面发展方向的选择情况（n=431）（多选）

6.3.1　养生理论阐释有待进一步完善

任何事物形成之初，多是物质层面的积淀，反映到制度层面，最后凝练出精神层面，影响最深远的恰恰也是精神层面，中国传统体育养生文化理论起源于中国古代哲学、古代医学，是中国传统体育养生项目不断发展的基础所在，十分有必要深挖理论。正如健身气功管理中心成立并发展至今，经历了理论科研由等待到开花的耕耘过程。健身气功项目起步发展的前几年“主战场”是技术动作的开发与编创，发展至今以各大高校、科研所为核心机构的科研成果较为丰硕，但是正如上海体育学院张老师提到的一样“从健身气功的研究内容来看，中医类院校多倾向于实验应用研究，而体育类院校的特征则是理论结合实践，在理论内涵的研究方面处于弱势地位，研究热点呈单边趋势，交叉学科的结合却很少”。这也是今后健身气功在理论科研的方面将要努力完善的方向。

经过文献分析，笔者也发现目前国内外对中国传统体育养生文化的系统研究进展较为缓慢，尤其是对其现代内涵方面缺乏系统深入的研究和分析，无法准确把握中国传统健身养生文化在新时代的文化内涵和精髓。在本次问卷调查结果中也显示了有67.29%的老师认为需要加快科学研究与养生理论阐释的工作仍是重中之重（见图6.2），利用创新理论成果引领创新实践。此外，南京体育学院尹教授在访谈中指出，中国传统体育养生文化领域的研究多是将民族传统体育与健康中国作为研究的视野依托，反而缺少了对其文化内涵的全面深入挖掘。张老师也认为，当前中国传统体育养生文化的核心机构间的协作不多，交叉学科间的协作不是很明显，核心机构主要是高校，其研究内容表现出了中医药高校的实验性和应用性，体育高校的理论性和实用性相结合的特征（刘明洋等，2021），理论内涵的研究比较薄弱，研究热点的变化趋势不明显，导致理论的研究各自成派、缺乏系统的研究体系，不利于中国传统体育养生文化整体化的发展。

6.3.2 实证研究方法有待进一步补充

笔者通过查阅文献资料，发现目前关于中国传统体育养生的实证研究多数是从现代西方医学的角度进行，是基于科学数据进行监测与分析的，很多的专家学者通过实验证明太极拳、健身气功等传统体育养生项目对于糖尿病、冠心病等慢性疾病有一定的预防和保健作用，并在相关领域取得了可观的理论成果和实践经验（贾冕等，2017）。还有学者通过对体重、柔韧、肺活量、血脂浓度等方面对太极拳对身体的影响进行研究与分析；还有学者通过实验前后 TC 浓度、LDL 浓度、HDL 浓度对比，得出健身气功·八段锦对心血管机能、呼吸机能有改善作用，应该对改善中老年血脂有积极影响。科学仪器的数据无疑是十分准确，但是在科研实证的进程上，运用具有东方特色的呼吸、经络等进行实证研究的案例几近于无。中国传统体育养生的理论基础是基于传统的哲学和医学，它关注精、气、血、经络、脏腑之间的相互作用与整体的协调性（颜芬，2020），形成了一种经验性的内向化的对身体的观照，现在具体量化的科研实证的开展反而忽略了中国传统锻炼方法的一些东方特质。

6.3.3　中正客观评价理念有待进一步秉持

曾经提到中国功夫，那就是可以飞檐走壁；提到太极拳，那就是可以隔山打牛的神技；提到健身气功，那就是可以救治百病……群众对中国传统体育养生文化的盲目相信受动作电影的影响或者出于对民族文化的高标准期待。随着自媒体“野蛮生长”强势崛起，现代化的传播理念、先进的传播技术推动了中国传统体育养生文化的辐射范围（丁智伟等，2018），正如原来人们对健身气功的认识是感性的，甚至一部分专家教师都是如此，一时间“健身气功可以治百病”“健身气功可以治愈癌症”的言论甚嚣尘上。但是随着时代变化，人们现在对健身气功的认识是更加理性、辩证，逐渐认识到健身气功只是一种具有东方特色的健身方法，也逐渐会承认虽然“运动是良医，太极是良药”，发挥“医药”的作用离不开健康的生活方式，但是这种理性认识并不是普遍存在的。

经过访谈，笔者发现普通百姓对中国传统体育养生文化缺乏一种普遍性的持续性的中正客观的认识与评价。究其原因，笔者记录下了与健身气功国家级社会体育指导员 L 老师的谈话。

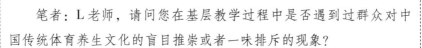

笔者：L 老师，请问您在基层教学过程中是否遇到过群众对中国传统体育养生文化的盲目推崇或者一味排斥的现象？

L 老师：这种现象确实是十分普遍。一般来说，都是盲目地相信多一些。当然了，也有一部分人一点也不相信，他们就会说"一直练功的，也有患癌的情况"。

笔者：那您面对这种情况一般都是怎么做的？

L 老师：最重要的是一定要给大家讲透健身气功只是一种锻炼方法，在教学之余会引导大家除了科学的锻炼之外，还要养成健康的饮食习惯、合理的作息这些积极的生活方式。早上积极锻炼，中午回去喝酒、晚上再熬夜这种生活方式是要不得的。

6.3.4　文化标识塑造意识有待进一步强化

基于国家认同和民族认同凝结出文化认同，文化认同是最难实现的。它不仅能反映人们对民族文化和国家文化的深刻认知，更能反映出人们对民族、国家等概念的深度认同。中国传统体育养生文化在品牌市场上的占有率较低，中国传统体育养生文化作为传统文化中重要的一部分更应该积极地塑造文化标识，积极推进中国传统体育养生文化在国内、国际上的认同感。

中国传统体育养生文化进一步扩大国际影响力就要致力于塑造中国式 IP。在访谈中，有专家提出"中国传统体育养生文化在国际上是很受欢迎的，但是我们的文化标识的塑造还有较大的进步空间，在对外教学过程中多为技术动作的传播，而中国传统体育养生文化所依赖的中国古代哲学和医学的基础理论则很少有讲授。"可能受语言、文化的限制，目前中国独有文化 ip 塑造的成果并不是很理想。

第7章

新时代中国传统体育养生文化创新性发展

——以健身气功为例

“创造性转化、创新性发展”是复兴中国传统文化的实践路径。2013年12月30日，习近平总书记在主持中央政治局第十二次集体学习时讲到弘扬中华传统美德，首次提出“创造性转化、创新性发展”的要求①。2014年2月，习近平总书记在主持中央政治局第十三次集体学习时再次强调“创造性转化、创新性发展”。同年3月27日，习近平总书记在巴黎联合国教科文组织总部发表的重要演讲，第一次从文明的角度强调“创造性转化、创新性发展”，提出推动中华文明创造性转化和创新性发展。在党的十九大报告中更是明确提出：“要坚持为人民服务、为社会主义服务，坚持百花齐放、百家争鸣，坚持创造性转化、创新性发展，不断铸就中华文化新辉煌。”② 在党的二十大报告中再次强调：“我们要坚持马克思主义在意识形态领域指导地位的根本制度，坚持为人民服务、为社会主义服务，坚持百花齐放、百家争鸣，坚持创造性转

---

① 习近平．习近平谈治国理政［M］．北京：外文出版社，2014：160.

② 习近平．决胜全面建成小康社会 夺取新时代中国特色社会主义伟大胜利［N］．人民日报，2017－10－28.

化、创新性发展，以社会主义核心价值观为引领，发展社会主义先进文化，……，传承中华优秀传统文化，满足人民日益增长的精神文化需求，……，不断提升国家文化软实力和中华文化影响力。”①

“实践没有止境，理论创新也没有止境。”当下的传统体育养生文化研究者、实践者应积极响应国家号召，把握体现时代发展的新思想、新信息、新风貌和新趋势，以马克思主义为创新性发展指导思想，以为人民服务、为社会主义服务为创新性发展目的，以坚守中华文化立场、立足当代中国现实为创新性发展原则，以创新、协调、绿色为创新性发展理念，使中国传统体育养生文化有物质基础、制度保障、理论深度、情感温度和真诚态度，以人为本，更加贴近和服务群众。

7.1　创新性发展的理论基础

文明永续发展，既需要薪火相传、代代守护，更需要顺时应势、推陈出新。世界文明历史揭示了一个规律：任何一种文明都要与时偕行，不断吸纳时代精华。我们应该用创新增添文明发展动力、激活文明进步的源头活水，不断创造出跨越时空、富有永恒魅力的文明成果②。

7.1.1　创新性发展指导思想

文化“是延续社会文明和维持社会秩序的精神支柱”③，中国特色社会主义文化建设就是“要拓展世界眼光，深刻洞察人类发展进步潮

---

① 习近平．高举中国特色社会主义伟大旗帜 为全面建设社会主义现代化国家而团结奋斗——在中国共产党第二十次全国代表大会上的报告［EB/OL］．中国政府网，（2022－10－25）［2024－11－10］．http：//www.gov.cn/xinwen/2022－10/25/content_5721685.htm.

② 习近平．习近平谈治国理政：第三卷［M］．北京：外文出版社，2020：470.

③ 董潇珊，陆永胜．精神生活共同富裕的文化向度及价值逻辑［J］．重庆社会科学，2023（5）：17－19.

流，积极回应各国人民普遍关切，为解决人类面临的共同问题作出贡献，以海纳百川的宽阔胸襟借鉴吸收人类一切优秀文明成果，推动建设更加美好的世界”①。推动传统文化的创造性转化、创新性发展是中国特色社会主义文化建设的重要路径，实现创造性转化和创新性发展的思想前提就是“坚持马克思主义道德观、坚持社会主义道德观”②。党的十九大报告明确指出：“发展中国特色社会主义文化，就是以马克思主义为指导，坚守中华文化立场，立足当代中国现实，……坚持创造性转化、创新性发展，不断铸就中华文化新辉煌。”③ 党的二十大报告指出：“我们要坚持马克思主义在意识形态领域指导地位的根本制度，……坚持创造性转化、创新性发展，以社会主义核心价值观为引领，……传承中华优秀传统文化，满足人民日益增长的精神文化需求，……不断提升国家文化软实力和中华文化影响力。”④ 实现传统文化的“双创”发展，必须以马克思主义为指导思想。

坚持以马克思主义为指导，是中国共产党无论何时都不能动摇的根本原则。中国传统体育养生文化是中国传统文化的重要组成部分，中国传统文化的创造性转化、创新性发展是中国共产党领导的中国特色社会主义文化建设的一个组成部分，因此，中国传统体育养生文化的创新性发展也必须以马克思主义为指导思想。

“传承中华优秀传统文化”，何为“优秀的传统文化”，这需要对传统文化的内容等进行筛选与扬弃，筛选能够与中国现实要求相适应的，能够与当下的实践相结合的，而这种筛选的标准与方法，只能从中国共

---

① 习近平．高举中国特色社会主义伟大旗帜 为全面建设社会主义现代化国家而团结奋斗——在中国共产党第二十次全国代表大会上的报告［EB/OL］．中国政府网，(2022－10－25)［2024－11－10］．http：//www.gov.cn/xinwen/2022－10/25/content_5721685.htm.

② 习近平．习近平谈治国理政［M］．北京：外文出版社，2014：160.

③ 习近平．决胜全面建成小康社会 夺取新时代中国特色社会主义伟大胜利［N］．人民日报，2017－10－28.

④ 习近平．高举中国特色社会主义伟大旗帜 为全面建设社会主义现代化国家而团结奋斗——在中国共产党第二十次全国代表大会上的报告［EB/OL］．中国政府网，(2022－10－25)［2024－11－10］．http：//www.gov.cn/xinwen/2022－10/25/content_5721685.htm.

产党领导的中国特色社会主义文化建设中获取，必须以马克思主义为指导思想，才能从容、顺利进行传统文化的筛选与扬弃。中华优秀传统文化如此，传统体育养生文化亦如此。只有以马克思主义为指导思想，中国传统体育养生文化才能“把握人民愿望、尊重人民创造、集中人民智慧，形成人民所喜爱、所认同、所拥有的理论，使之成为指导人民认识世界和改造世界的强大思想武器”①。

7.1.2　创新性发展理念

“理念是行动的先导，一定的发展实践都是由一定的发展理念来引领的。发展理念是否对头，从根本上决定着发展成效乃至成败。实践告诉我们，发展是一个不断变化的进程，发展环境不会一成不变，发展条件不会一成不变，发展理念自然也不会一成不变。”② 21 世纪，和平与发展是世界的主题；21 世纪是竞争人才的时代，是共建人类命运共同体的时代。唯此才能收获“苟日新，日日新，又日新”的文化。

7.1.2.1　创新

查阅 2000 年版的《辞海》发现，此版《辞海》并未收录“创新”一词，故从《辞海》中便无从查找“创新”一词的释义。“创”字在《辞海》中有五种含义，其读音为四声时，则有两种释义，为：“①首创。如：创举；创刊。……《汉书·叙传下》：‘礼仪是创。’颜师古注：‘创，始造之也。’②引以为戒。《书·益稷》：‘予创若时。’……”③“新”字在《辞海》中有四种释义，其中与“创新”中的“新”意思

① 习近平．高举中国特色社会主义伟大旗帜 为全面建设社会主义现代化国家而团结奋斗——在中国共产党第二十次全国代表大会上的报告［EB/OL］. 中国政府网，(2022－10－25)［2024－11－10］. http：//www. gov. cn/xinwen/2022－10/25/content_5721685. htm.

② 习近平．习近平谈治国理政：第四卷［M］. 北京：外文出版社，2022：167.

③ 辞海编辑委员会编纂．辞海［M］. 上海：上海辞书出版社，2001：220.

接近的释义分别为“①初次出现的。与‘旧’相对。如：新人新事。引申为新鲜。王维《送元二使安西》诗：‘渭城朝雨浥轻尘，客舍青青柳色新。’”① 以及释义“②改旧；更新。《诗·鲁颂·閟宫》：‘新庙奕奕。’郑玄笺：‘修旧曰新。’”②

“创新”是一个较为复杂的词汇，虽在2000年版的《辞海》中查无踪迹，但其在社会学、哲学等其他学科领域均有其独特的含义。在哲学领域，其是指“人类通过对物质世界和精神资源的利用和再创造，制造新的矛盾关系，形成新的物质形态和精神形式”③。根据2000年版的《辞海》分别对“创”与“新”的阐释，以及“创新”一词在哲学领域的含义，结合当代社会提出“创新”一词的社会环境，本书认为“创新”是指利用现有的知识和物质基础，在熟悉、掌握、深入了解旧事物的基础上，对旧事物进行改造、更新或创造新的事物，使旧事物呈现出崭新的面貌，以满足社会需求。

《吕氏春秋·古乐》中记载：“昔陶唐氏之始，阴多滞伏而湛积，水道壅塞，不行其原，民气郁阏而滞著，筋骨瑟缩不达，故作为舞以宣导之。”远古时期“以舞宣导”的无意识肢体活动是先民应对“筋骨瑟缩不达”的本能反应。随着社会发展，先民开始逐渐有意识地自主发挥以缓解身体的各种不适，并将本能的无意识所支配的养生实践进行提炼与总结，积累相关的养生经验。医学家、养生家和传统体育养生专职研究人员的加入，让传统体育养生文化有了更多的可能性。中国先民集众家之力，创造出有利于个体生命自我养护、改善和发展的文化，内容丰富、方法各异、流派众多的传统体育养生文化由此而生。纵观传统体育养生文化发展的历史进程，创新是其发展至今的动力与源泉，也是其至今历久弥新的“法宝”。

---

①② 辞海编辑委员会编纂．辞海［M］．上海：上海辞书出版社，2001：1794.

③ 范鹏，李新潮．界定与辨析：“创造性转化”“创新性发展”的内涵解读［J］．兰州大学学报（社会科学版），2021（2）：110－118.

7.1.2.2　协调

《辞海》中“协”的释义有四种，其中与“协调”词义相接近的为第三种释义，即“和谐；协调。《太玄·玄数》：‘声律相协而八音生。’”[①]“调”字释义“协调；调和。如：饮食失调。《荀子·富国》：‘其耕者乐田，其战士安难，其百吏好法，其朝廷隆礼，其卿相调议，是治国已。’”[②] 众所周知，生产力是马克思主义政治经济学领域的重要研究内容，生产力与生产关系的矛盾运动揭示了人类历史发展的一般规律。生产力决定生产关系，生产关系必须适应生产力的发展水平，才能推动生产力的进一步发展。当生产关系落后或超前于当前的生产力发展水平时，则会阻碍生产力的发展。“社会的物质生产力发展到一定阶段，便同它们一直在其中运动的现存生产关系或财产关系（这只是生产关系的法律用语）发生矛盾。于是这些关系便由生产力的发展形式变成生产力的桎梏。那时社会革命的时代就到来了。随着经济基础的变更，全部庞大的上层建筑也或慢或快地发生变革”[③]。只有当生产力和生产关系协调发展时，才能推动社会的不断进步与发展。

习近平总书记强调：“协调既是发展手段又是发展目标，同时还是评价发展的标准和尺度，是发展两点论和重点论的统一，是发展平衡和不平衡的统一，是发展短板和潜力的统一。”[④] 对于传统体育养生文化而言，协调不仅是内在自身发展与外部社会发展的统一，也是文化本身物质层、制度层、精神层发展的统一。

古代时期是传统体育养生文化的孕育形成期，其波澜壮阔的发展历史也是其内部物质层、制度层、精神层之间自我调适的具象表达。思想

---

① 辞海编辑委员会编纂. 辞海［M］. 上海：上海辞书出版社，2001：150.

② 辞海编辑委员会编纂. 辞海［M］. 上海：上海辞书出版社，2001：488.

③ 马克思恩格斯文集：第2卷［M］. 北京：人民出版社，2009：591 -592.

④ 习近平. 聚焦发力贯彻五中全会精神 确保如期全面建成小康社会［N］. 人民日报，2016 -01 -19（1）.

领先于实践的先秦时期，传统体育养生文化逐步脱离“巫”的束缚，专职医生的出现、医师制度的建立为制度层的发展奠定了基础。理念转换的秦汉魏晋南北朝时期，向内求的养生理念强势替代一味借助外力的养生理念，将误入歧途的传统体育养生文化引入正途。太医令丞的设立、太医署的建立，加快了传统体育养生文化制度层发展的脚步。宋元明清时期，传统体育养生文化发展成为体系完备的文化系统。

近代以降的时期是传统体育养生文化与外部社会环境不断协调的发展阶段。经历过近代西方体育的猛烈冲击，走过迷茫、自我反省、自我扬弃的20世纪后半叶，走进崭新的21世纪，带着文化“创新担当”的角色重新起航。

纵观传统体育养生文化的发展历程不难发现，传统体育养生文化始终以不断发展变化的社会需求为导向，以此为基准协调自身发展方向，从而开展物质层、制度层、精神层的创新发展。过去如此，当下如此，未来亦如此。

7.1.2.3 绿色

绿色，人类最珍爱的色彩。它是自然、纯净、圣洁、宁静、生命、生机、希望、和平的象征。人类从绿色的森林、绿色的山谷、绿色的草原走出来，走进了钢筋和水泥构建的丛林里，“龟缩”在五颜六色的钢铁壳子里，渐渐地淡忘了绿色。进入21世纪，人类迫于重重压力，越来越感知回归绿色的重要性（卢元镇，2020）。

绿色是“健康”的颜色，是环保的，是可持续发展的。可持续发展和绿色运动是人类共同理想的追求，是历史责任的崇高体现（卢元镇，2020）。绿色还有一个重要的含义：就是准许行动，在交通信号中绿色代表可以放行，在现实生活中代表可以畅通无阻，在体育运动中正在成为获得许可、受到欢迎的信号（卢元镇，2020）。

弃外丹、转内丹是传统体育养生文化自我反省的表现。以性命双修为炼养核心，以“天人合一、天人相应”为理论基础，以自身身体为鼎炉，以自身的精、气、神为药物，经过筑基、炼精化气、炼气化神、炼神还虚等修炼过程，进而达到强身健体、延长生命长度、提高人体生命功能的目的（蔺志华，2009）的内丹术逐渐发展起来，完全取代了危险、不切实际的外丹术，并使传统体育养生文化成功地由歧途返回正轨，继续在绿色、可持续发展之路上砥砺前行。

迷途知返，吸取教训，把握当下，轻装上阵。新时代，传统体育养生文化创新性发展更要始终秉持绿色、可持续发展的理念，为“健康中国”建设添砖加瓦，为全人类全生命周期的健康保驾护航。

7.1.3　创新性发展目的

传统体育养生自无意识的自我活动肢体以缓解身体不适的萌芽开始，为个体提供健康服务成为其发展的目的，后经养生家、医学家的深入研究与推广，更好地为人民服务成为传统体育养生文化不断创新发展的目的。新中国成立后，为人民服务、为社会主义服务成为传统体育养生文化创新发展的最终目的。

7.1.3.1　为人民服务

1949 年 9 月由中国人民政治协商会议制定的《共同纲领》中明确规定：国家“提倡国民体育”，这充分表明国家对体育的态度。1950 年 7 月，毛泽东题写的“新体育”成为全国第一份体育杂志的刊名，这标志着我国体育进入了新的历史发展阶段，也表明人民政府对国民体育的重视。

“体育为人民服务”是新体育思想的本质和核心。朱德同志在中华全国体育总会成立筹备会上说：“过去的体育是和广大人民群众脱离的。现在我们的体育事业，一定要为人民服务，要为国防和国民健康服务。”这三个服务是“体育为人民服务”思想在体育上的具体体现。新体育思想——“为人民服务”的提出，为传统体育养生的发展指明了道路、明确了方向。新中国成立初期，百废待兴。由于医疗条件的限制，很多人的许多病症不能得到及时的救治，或者是医药不能救治。此时，零消费的、低付出的传统体育养生走入了人们的视野，秉持为人民服务的宗旨，传统体育养生以良好的临床功效给予处于医药物资相对匮乏年代的人民提供一份健康保障。

21 世纪，健康是第一生产力的理念逐渐被社会认可。2016 年 6 月 15 日，国务院公布《全民健身计划（2016 – 2020）》，它是“十三五”时期开展全民健身工作的总体规划和行动纲领，相比较而言，它最大的亮点就在于对全民健身的“突破性认识”——将全民健身作为落实建设健康中国的有力支撑和全面建成小康社会的国家名片。

2017 年 1 月 22 日，国务院办公厅发布了《中国防治慢性病中长期规划（2017—2025 年）》，文件中明确提出要实现以治病为中心向以健康为中心的转变，发挥中医治未病优势，大力推广传统养生健身法，促进全民形成健康文明的生活方式。《全民健身计划（2021 – 2025 年）》明确提出探索建立体育和卫生健康等部门协同、全社会共同参与的运动促进健康模式……推进体卫融合理论、科技和实践创新，推广常见慢性病运动干预项目和方法。让传统体育养生文化“未病先防、已病防变、既病防复”的理念内化于心、外化于行。

“坚持以人民为中心的发展思想。维护人民根本利益，增进民生福祉，不断实现发展为了人民、发展依靠人民、发展成果由人民共享，让现代化建设成果更多更公平惠及全体人民。”① 中国传统体育养生文化深耕于中国沃土，几千年来，一直默默地为人们的健康提供服务。纵观中国传统体育养生文化的发展史，在一定程度上也为大众提供了健康服务。为人民服务、为人类提供全生命周期的健康守护是中国传统体育养

① 习近平. 高举中国特色社会主义伟大旗帜 为全面建设社会主义现代化国家而团结奋斗——在中国共产党第二十次全国代表大会上的报告［EB/OL］. 中国政府网，（2022 – 10 – 25）［2024 – 11 – 10］. http：//www. gov. cn/xinwen/2022 – 10/25/content_5721685. htm.

生文化一直秉持的服务宗旨，也是中国传统体育养生文化创新性发展的最终目的。中国传统体育养生文化将继续在增进人民健康福祉、满足人民对美好生活的向往的道路上砥砺前行，为人民的健康保驾护航。

7.1.3.2　为社会主义服务

远古社会，传统体育养生文化由中国先民所创，为中国先民提供服务。随着社会不断发展，社会生产力、科技水平的不断进步，普通大众对健康的渴望与追求，促使传统体育养生文化发展迅速。但是在集大成期的明清，底层百姓获益仍有限。近代时期，社会动荡不安，内外压力剧增，本土文化与外来文化的碰撞，传统体育养生文化也未逃脱抉择与被抉择的命运。新中国成立后，传统体育养生文化重获新生，逐渐成为普通大众“促健康、调平衡、祛隐疾”的方法与手段之一，为社会主义建设的稳步推进增添助力。

21世纪科技迅猛发展，生活节奏加快，生活便利程度超乎想象。社会节奏、生活环境的快速变化，身体适应的滞后性，导致慢性病逐渐上升为威胁人们生命的头号“杀手”。此时，作为中国传统文化瑰宝、中国祖先伟大智慧结晶的中国传统体育养生文化，虽几经浮沉，仍被国人惦念，再度走进人们的视野，走到历史舞台的中央，发挥其潜在的无限可能，为中国人民的健康保驾护航，为世界人民的健康问题提供中国方案。

7.1.4　创新性发展原则

原则，指的是观察问题、处理问题的准绳，是言行所依据的准则。笔者认为坚定文化自信、秉持开放包容、坚持守正创新是中国传统体育养生文化应对、处理其创新性发展问题的准绳与准则，是中国传统体育养生文化在世界文明花园中继续保持强烈的标识性和鲜明辨识度的“根”。

7.1.4.1 坚定文化自信

“文化自信，是更基础、更广泛、更深厚的自信。”20 世纪 90 年代，江泽民同志在《庆祝中国共产党成立七十周年大会上的讲话》中明确指出：“有中国特色的社会主义文化，……必须继承发展民族优秀传统文化而又充分体现社会主义时代精神，立足本国而又充分吸收世界文化优秀成果，……”1997 年党的十五大报告指出：“建设立足中国社会现实、继承历史文化优秀传统、吸取外国文化有益成果的社会主义精神文明。”2011 年通过的《中共中央关于深化文化体制改革推动社会主义文化大发展大繁荣若干重大问题的决定》明确指出：“要培养高度的文化自觉和文化自信，……，弘扬中华文化，努力建设社会主义文化强国。”党的二十大报告指出：“中华优秀传统文化源远流长、博大精深，是中华文明的智慧结晶”，必须要“传承中华优秀传统文化，满足人民日益增长的精神文化需求，……不断提升国家文化软实力和中华文化影响力”。更要“以中华优秀传统文化为根，建立具有时代特征、民族特征和社会主义特色的文化话语体系”①。

中国传统体育养生文化是在不断应对生命挑战中发展强壮的，是中国先民应对各种风险挑战的经验和智慧的总结。从最初无意识地手舞足蹈，以缓解身体不适，秦汉隋唐时期，挑战生命极限；宋元明清时期，成为百姓“祛隐疾、调平衡、促健康”的重要手段；近代时期，面对外来文化的冲击，又成为人们坚守中国文化的精神支柱；新中国成立后，重获新生的中国传统体育养生文化再度成为人们健康的“守护神”，帮助人们度过缺医少药的困难时期。

汤因比教授曾寄语，“只有中华文明能够解决人类文明现代化面临的共同挑战与问题，希望 21 世纪是中国世纪”②。21 世纪，慢性病成为

---

① 张岱年，方克立．中国文化概论［M］．北京：北京师范大学出版社，2023：304.

② 周兴旺．文明大趋势［M］．北京：光明日报出版社，2023：341.

威胁人们健康的主要因素，是造成人们非正常死亡的头号杀手。此刻讲究内外兼修的传统体育养生文化跻身“团宠”行列，成为世人预防非传染性疾病的首选“良药”，传统体育养生文化以其独特的文化魅力风靡全球。

7.1.4.2　秉持开放包容　立足当代中国现实

“人类历史的前进，离不开文化的交流和融合，对于任何一个民族的文化而言，拥有文化输出与文化接受的健全机制，方能获得文化补偿，赢得空间上的拓宽和时间上的延展。”① “一个民族的文化只有遇到更先进的文化，在冲突与融合中才能更新发展。所以说，外部挑战乃是文化发展的重要条件。”② 就对待外来文化的问题，鲁迅先生曾说过：此所为明哲之士，必洞达世界之大势，权衡较量，去其偏颇，得其神明，施之国中，翕合无间。外之既不后于世界之潮流，内之仍弗失固有之血脉。（《文化偏至论》）

这就是说，我们既要有现代的眼光和宏大的气魄，敢于正面迎接外来文化的冲击，又要在保持固有文化血脉的基础上吸收其可取之处，发展本民族文化。“一花独放不是春，百花齐放春满园（《古今贤文》）”“平情论之，东西文明，互有短长，不宜妄为轩轾于其间（李大钊，《东西文明根本之异点》）”“开放包容始终是文明发展的活力来源，也是文化自信的显著标志”③。

魏晋南北朝时期的佛教东传、“伊儒会通”，明朝万历年间耶稣会士来华传入西方文化，近代以降的“西学东渐”，改革开放之后的全方位对外开放，中华文明始终在“所得于外国之思想言论艺术，吸收而消化之，尽为我之一部，而不为其所同化”（蔡元培《在清华学校高等科

---

① 张岱年，方克立．中国文化概论［M］．北京：北京师范大学出版社，2023：79.
② 张岱年，方克立．中国文化概论［M］．北京：北京师范大学出版社，2023：309.
③ 习近平．在文化传承发展座谈会上的讲话［M］．北京：人民出版社，2023：10.

演说词》）中国传统体育养生文化作为中国优秀传统文化重要的组成部分，自诞生之日起，就不是一个自我禁锢的系统。秦汉隋唐时期，借鉴中医学理论，形成以自身身体为鼎炉，以自身的精、气、神为药物的内丹术修炼方法。近代时期，经历东西方文化的冲撞与洗礼，借鉴西方体育的锻炼模式，改良传统体育养生项目，以期适应社会变迁。21 世纪，借鉴西方医学阐释系统，将整体观、系统观下传统体育养生的主观感受、体悟经验等，逐渐地生理生化指标化、心理量表化的呈现，清晰明了地展示传统体育养生“已病防变、病后防复”的医学原理。最终目的是“从不同文明中寻求智慧、汲取营养，为人们提供精神支撑和心灵慰藉，携手解决人类共同面临的各种挑战”①。

7.1.4.3 坚持守正创新

“守”是奉行、遵守；“正”是方向、道路；“守正就是坚守真理、坚守正道”“创新就是勇于探索、开辟新境界，敢于说前人没有说过的新话，敢于干前人没有干过的事情”②。“守正创新”就是在坚守正确的方向、道路上，勇于探索、开辟新境，敢于说新话、干新事。中国传统体育养生文化的创新性发展必须坚守传统体育养生文化“治未病”的思想理念，遵守“顺其自然”的健康法则，多维度、多领域、多赛道地探索、开辟发展新境界，以满足人们日益增长的健康需求。

“面对快速变化的世界和中国，如果墨守成规、思想僵化，没有理论创新的勇气，不能科学回答中国之问、世界之问、人民之问、时代之问，不仅党和国家事业无法继续前进，马克思主义也会失去生命力、说服力。”③ 国家治理如此，文化发展亦如此。“文化是一个国家的根脉所在，是一个民族深层的精神依托。”中国传统体育养生文化凝结着中华

① 习近平在联合国教科文组织总部的演讲［N］. 人民日报，2014－03－28（3）.

② 中共中央宣传部编 . 习近平新时代中国特色社会主义思想学习纲要（2023 年版）［M］. 北京：学习出版社、人民出版社，2023：210.

③ 习近平 . 习近平谈治国理政：第四卷［M］. 北京：外文出版社，2022：30.

民族的思想智慧、生活智慧、康养智慧，“承载着中华文明生生不息、代代相传的基因密码”①，体现着中华民族“整体的共同积淀和记忆，也体现着这个国家或民族生存和发展的核心凝聚力。”换言之，中国传统体育养生文化的发展进程是中华民族对其进行守正与创新的过程。

秦汉隋唐时期，外丹术风靡于上层统治者与士大夫阶层，极大地满足了其对长生不老的痴迷与追求。然而，借助外在服食丹药的养生方法终究是“梦一场”，服食丹药者，轻则残疾，重则丧生，“华山之下，白骨如莽”的惨况让人不禁唏嘘。一次异想天开、偏离正轨的创新以惨烈的结局而收场，不切实际的外丹术是传统体育养生文化守正创新发展路上的“警示灯”，时刻保持警醒，切勿误入歧途。

一些科学家暂时无法做出合理解释的练功反应的出现，加剧了人们对特异功能追求的趋之若鹜。大众对特异功能的狂热使传统体育养生文化发展再次偏离正轨、误入歧途。为避免类似事件再次发生，客观、科学地对待传统体育养生文化，国家及时出手，先后下发《关于加强科学普及工作的若干意见》《关于加强社会气功管理的通知》等文件，明确传统体育养生文化是名副其实的中华民族的宝贵遗产，不能极端化地对待传统体育养生文化，神秘化地盲目崇拜与全盘否定的虚无态度都是不可取的。要把它当作现代科学的一个分支来研究，不断地去伪存真，辨别交织在一起的潜科学与伪科学。除此之外，国家还设立了相应的管理机构，明确了职能部门的工作职责、范围及相互间的工作关系，并确定了当前管理工作的重点。从下发制度文件到设立管理机构，这一系列应时的创新举措成功地将传统体育养生文化拉入正轨，开启新一轮的守正创新发展之路。

7.2　物质层的创新性发展

物质层是“人的物质生产活动及其产品的总和，是可感知的、具有

① 郭玉成. 推动中华武术文化守正创新 [N]. 文汇报，2024-09-08 (11).

物质实体的文化事物，构成整个文化创造的基础。……反映社会生产力的发展水平”① 是变化最快、最活跃的物态文化层。

7.2.1 创新技术动作，提升中国传统体育养生文化发展内生动力

推进技术动作方面的创新性发展，不仅可以编创或更新技术动作，还可以对技术动作进行重新的组合。《“健康中国 2030”规划纲要》提出“建立完善针对不同人群、不同环境、不同身体状况的运动处方库，推动形成体医结合的疾病管理与健康服务模式”②。2020 年 11 月，我国的“十四五”规划提出“要为人民提供全方位全生命周期的健康服务”，并提到“深化体卫融合”。《全民健身计划（2021—2025 年）》也提出：“要推广常见慢性病运动干预项目和方法。”③ 为响应国家号召，中国传统体育养生也正在积极地革故鼎新，以更加崭新的面貌为群众提供性价比更高、更全生命周期的健康服务与生命质量保障。

7.2.1.1 结合运动处方科学化研制

美国生理学家卡尔波维什提出运动处方一词，现代中国《体育词典》对“运动处方”的界定是指针对个人的体质或疾病，开出的一套锻炼方案，其中规定了项目的内容、强度、适用范围、次数、时间、注意事项等。季浏（2001）还指出了其具体内容包括练习目标、准备活动、锻炼方式、整理活动等。笔者就中国传统体育养生是否应结合运动处方进行科学化的技术动作开发进行了问卷统计，数据反馈情况如图 7.1 所示，有 51% 的专家们认为非常有必要进行结合运动处方进行

① 张岱年，方克立. 中国文化概论［M］. 北京：北京师范大学出版社，2006：4.

② 中共中央 国务院印发《“健康中国 2030”规划纲要》［EB/OL］. 中国政府网，（2016-10-25）［2024-11-10］. http://www.gov.cn/zhengce/2016-10/25/content_5124174.htm.

③ 国务院关于印发全民健身计划（2021—2025 年）的通知［EB/OL］. 中国政府网，（2021-07-18）［2024-11-10］. http://www.gov.cn/zhengce/content/2021-08/03/content_5629218.htm.

编创动作，还有 42% 的专家们认为有必要将两者进行结合研发，用生命科学的科学数据引领中国传统体育养生技术动作的创编方向。

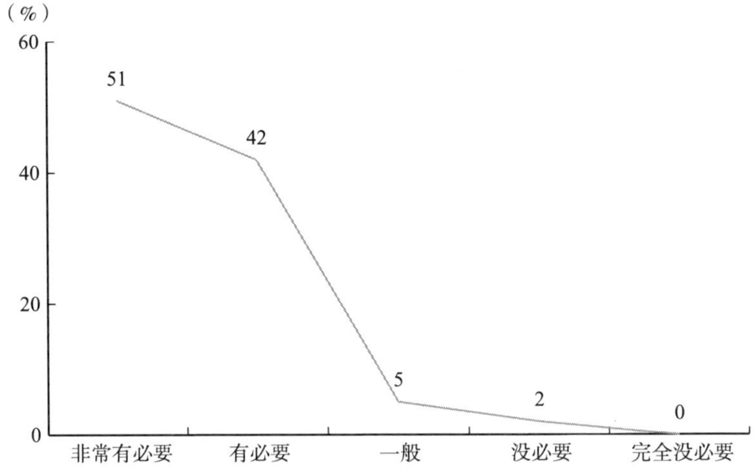

图 7.1　结合运动处方编创技术动作的选择情况（n = 431）（单选）

正所谓“上医治未病”，在国家将目光由原来加大医疗投入转向解决源头问题时，体医结合将注定成为全民健身和全民健康的高度融合体。而运动处方的科学化研制除了包含创编新动作，还包含对目前已有的技术动作的打乱重组或改良，练习的技术动作不同，起到的效果也是不同的。目前各省份的运动处方师培训工作正在逐步开展并小有成效。中国传统体育养生项目也在积极地结合运动处方进行技术动作的改良、编创工作，让中国古代健康养生的智慧应用于当代，独具中国特色的运动处方就是新时代新发展要求下太极拳、健身气功等中国传统体育养生文化科学化发展的保障，也是其得以不断绵延传承的途径之一。

7.2.1.2　针对不同人群定向化开发

《“健康中国 2030”规划纲要》还指出“要制定并实施青少年、妇女等特殊群体的体质健康干预计划”①。新冠疫情之后，人们逐渐地认识到免疫力的重要性，而提高免疫力的途径有两种，一种是合理的饮食营养摄取，另一种就是体育运动。让中国传统体育养生项目成为公共文化服务产品，就要深度融合居民的健康需求，开发适合不同人群、不同年龄、不同需求、不同身体素质、不同强度的传统体育养生技术动作。在上文中提到中国传统体育养生文化的发展路径之一就是要结合运动处方进行科学化研制，笔者就是否有必要针对不同人群开发专项化的技术动作进行调查，数据统计如图 7.2 所示，认为非常有必要的专家人数占比 48%；有必要的专家人数占比 37%；还有 15% 的专家们持中立或反对意见。

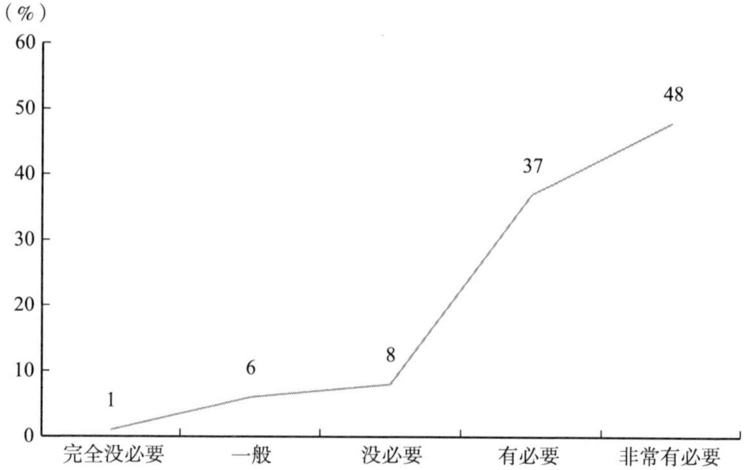

图 7.2　针对不同人群定向开发技术动作的选择情况（n = 431）（单选）

适宜的人群不同，对不同技术动作的接受程度、需要程度都是不一样的。不同的技术动作所锻炼的身体部位不同，起到的作用也是不同的。随着新时代社会矛盾的变化，人们的健康需求也逐渐增多，中国传

① 中共中央 国务院印发《“健康中国 2030”规划纲要》[EB/OL]. 中国政府网，(2016 - 10 - 25) [2024 - 11 - 10]. http://www.gov.cn/zhengce/2016 - 10/25/content_5124174.htm.

统体育养生文化未来的发展方向与功能价值的实现也将会由泛化逐渐转向为细化，针对项目的技术特点、结合受众的身体机能特点、针对不同人群（如儿童、孕妇、青年、低头族、久坐族、老年慢性病人群等），如老年人可以采用健身气功·五禽戏，其技术动作可以提高骨骼强度，进而减少老年人骨折的情况出现、下肢行动不便的人群可以采用坐式八段锦，其技术动作可以增加气血运行，提高身体抵抗力。确定中国传统体育养生的精细化发展方向，进行技术动作的定向化开发，使得中国传统体育养生能够从技术动作本身完成从传统到现代的价值转变。

7.2.2　丰富书籍音像，激发中国传统体育养生文化发展外在活力

丰富的书籍音像材料是推动中国传统体育养生文化发展与传播的重要手段。从个人角度讲，可以在中国传统体育养生项目爱好者参与锻炼的同时，为其提供更加全面的、系统的、科学的理论知识；从社会角度讲，也可以促进中国传统体育养生文化的传承和推广。

7.2.2.1　出版多种译文的书籍

传统体育养生类书籍在中国拥有悠久的历史和文化积淀，涉及范围广泛，或详或简地介绍了太极拳、健身气功、武术、养生保健等多种传统体育养生方法。为了将这些传统知识和技术传承下去，推广到更广泛的人群中，出版多种译文的传统体育养生类书籍具有重要的意义。

首先，多种译文的传统体育养生类书籍可以促进跨文化交流和沟通。通过翻译和出版传统体育养生类书籍，可以将中国传统文化的知识和技术传播到世界各地，让更多人了解和学习。同时，通过与其他国家和地区的传统体育养生类书籍进行比较和交流，可以让人们更好地理解各种传统体育养生方法的异同，推动跨文化交流和合作。其次，多种译文的中国传统体育养生类书籍可以提高传统文化的国际影响力。随着中国在国际舞台上的日益重要地位，中国传统文化也越来越受到世界各地

的关注和认可。出版多种译文的传统体育养生类书籍，提高中国传统文化在国际上的影响力和话语权。最后，多种译文的传统体育养生类书籍可以促进传统文化的保护和传承。随着现代化和全球化的发展，传统文化面临着消失和衰败的风险。出版多种译文的传统体育养生类书籍，可以让传统文化得到更广泛的传播和认可，促进传统文化的保护和传承，让中国传统文化继续发扬光大。

出版多种译文的传统体育养生类书籍可以促进跨文化交流和沟通，多方面激发中国传统体育养生文化的曝光度，提高传统文化的国际影响力，促进传统文化的保护和传承。

7.2.2.2 统一专业术语的使用

基于前文张老师提到的中国传统体育养生专业术语翻译不统一的情况，笔者认为在海外的传播过程中，专业术语的翻译在一种语言内统一化、精准化显得尤为重要。全球化时代已经到来，中国传统体育养生文化专业术语译文的统一化，一方面，可以避免一部分教学过程中的二次解释的问题；另一方面，有助于在国际范围内形成中国传统体育养生的专有词汇，促进中国传统文化得到更广泛、更官方的传播与认可。

7.2.2.3 制作专业的视频教程

新媒体的发展十分迅速，打开视频软件搜索“中国传统体育养生”或者“健身气功”等视频，会出现相当多数量的视频内容，但是由于每个人都可以自由地充当传播者的角色，也就导致一些视频的专业性与科学性并不能得到保障，对于初学者来说如何鉴别、选择这些视频就成了一个难题，以至于后期跟视频学习的方向正确与否也变得十分难把握。专业化、科学化的视频教学成为中国传统体育养生文化传播过程中的一个重要推动器。通过专业化的拍摄和剪辑技术，制作高质量、高标准的中国传统体育养生的视频教程，包括不同难度、不同类型、不同派别的整套技术动作以及详细的讲解和示范，帮助学习者更加准确地掌握和实践中国传统体育养生的技术动作和相关理论知识。

出版多种译文的传统体育养生类书籍、统一专业术语的译文版本，形成专有词汇、制作专业化的视频教程等手段均可以为中国传统体育养生文化的爱好者提供更加全面和深入的学习和实践体验，同时也可以增加中国传统体育养生文化的曝光度和影响力。

7.2.3　坚持项目特色，培育中国传统体育养生文化音乐传承载体

运动和音乐除具有节奏性和群众性等基本特征外，还具有跨国界、跨语言、跨民族、跨宗教等共同特征，并在国际性的体育活动中呈现出快速扩散的特征（吴延，2017）。将音乐融入中国传统体育养生项目，有助于引导练习者沉下心来，把注意力集中到练习的过程中，从而可以更快地进入状态，使自己更加专注，提高练习的兴趣。同时，在练习中可以感受到愉悦，使练习者身心放松，使健身锻炼的功效事半功倍。而且也对中国传统体育养生在国内和国际上的推广普及起着至关重要的作用。基于此，笔者就如何在音乐方面进行创新和发展进行了专家问卷调查，统计结果如图 7.3 所示。

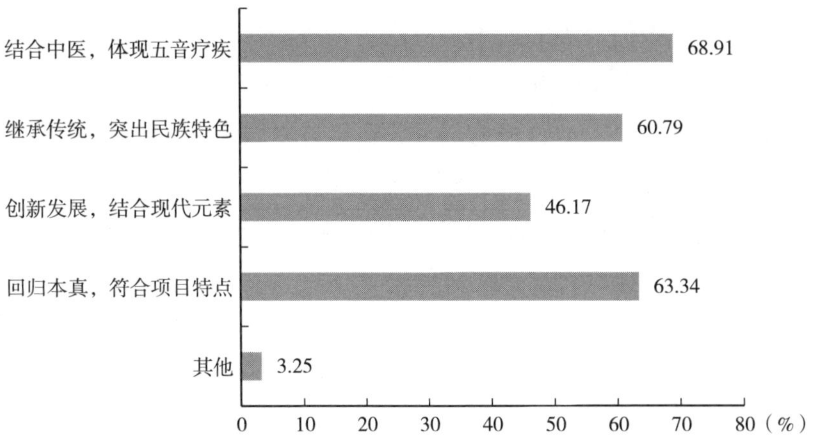

图 7.3　背景音乐发展方向的选择情况（n＝431）（多选）

有 68.91% 的专家认为要结合中医，融合五音疗疾，中医文化与中国传统体育养生文化一脉相承，《黄帝内经》提出了“五音疗疾”的理论，在《左传》中也有所提及。正所谓“百病生于气，止于音也”，中医学认为五脏六腑对五声有一定的作用，而五声又对五脏六腑起着调控作用。五音的调性与搭配，如同一套辨证明确的治法，成为一套独特的养生保健治疗方法。在中国传统体育养生背景音乐的编创中可以结合宫、商、角、徵、羽五音对应调理人体五脏。有 63.34% 的专家认为要让音乐回归项目本身，守住根基，是对传统体育养生文化进行创造性转化与创新性发展的首要前提，在尊重项目不同特点的基础上发展适宜的背景音乐。还有 60.79% 的专家认为要继承传统，坚持守正再创新，突出各民族特色和地域文化特色，可以借鉴健身气功气舞的音乐表现手法，运用各个民族的民族音乐，在民族性这一点上丰富中国传统体育养生技术动作的艺术表现手法。还有 46.17% 的专家认为要结合现代音乐元素，如民间打击乐等，使中国传统体育养生文化与中国式现代化接轨，适应新时代的发展要求。最后还有 3.25% 的专家提出可以考虑援用民间的戏曲或者自然声响的模仿等，从多个角度丰富中国传统体育养生音乐的编创来源。

随着社会生产力的快速变化，体育竞赛的开展以及全民健身的推广在迅速发展，人们对美的追求越来越高，对美好生活的需求也越来越高。各类运动也都在不断地摸索，不断地完善着运动美的韵律。中国传统体育养生项目更不应该成为例外，在坚持中国传统体育养生项目特色、尊重中国传统体育养生文化传承的基础上，丰富音乐元素，融入具有地域特色、民族特色的音乐符号，积极地将中华民族优秀的音乐文化融合到民族传统体育养生文化中去。

7.2.4 丰富服装元素，重塑中国传统体育养生文化服装传承载体

中国传统体育养生服装文化是介于中国传统体育养生和服装文化之

间的一种交叉性文化。就服装在选择发展角度这一问题，笔者进行了问卷调查，数据统计结果如图 7.4 所示。

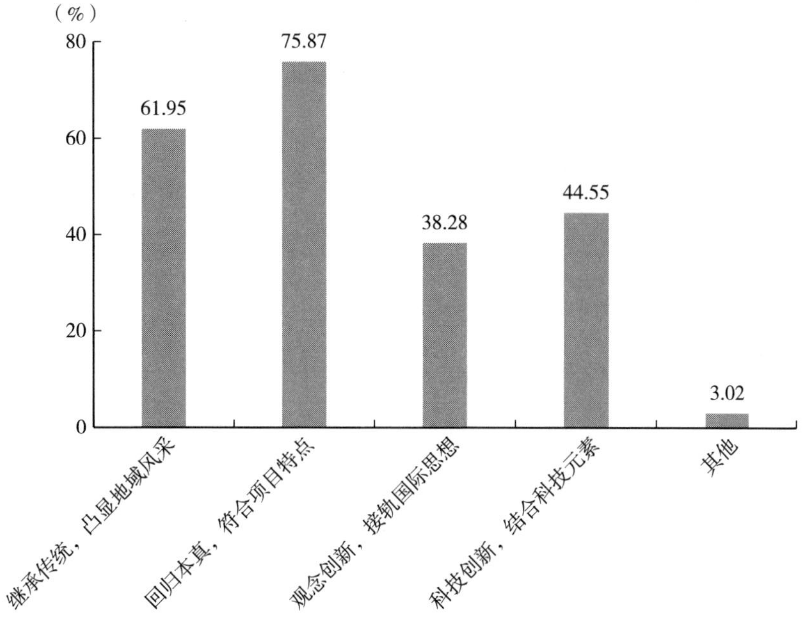

图 7.4　服装款式发展方向的选择情况（n = 431）（多选）

由图 7.4 可以看出有 75.87% 的专家认为服装作为辅助的展现手段，在设计款式上应该符合中国传统体育养生的项目特色，在符合技术动作美学与生理要求的基础上丰富传统体育养生的服装元素；有 61.95% 的专家认为要继承传统，凸显民族特色与地域风采；还有 44.55% 的专家认为要进行科技创新，融合科技元素，如可传感的热成像服装；还有 38.28% 的专家认为要进行设计观念创新，接轨国际设计思想，在中国美的基础上融入其他元素；最后还有 3.02% 的专家提出了可以在服装上辅以等级、派别的徽章标志，或者采用布制刺绣的徽饰，强化中国的刺绣文化。

结合中国传统体育养生项目的项目特点，加强服装款式设计、丰富服装的颜色与质地，适当强化刺绣、图案等中国传统文化气息，不仅要赋予中国传统体育养生项目服装飘逸、舒适等特点，更要赋予其一眼可辨的文化标识。

7.2.5 融合科学技术，赋能中国传统体育养生文化数字平台布局

科学技术的部分功能与中国传统体育养生项目特色的耦合极大地推动了中国传统体育养生文化的推广与传播。

7.2.5.1 可穿戴科技设备融合使用

通过引入智能穿戴设备和电子监测技术进行智能化教学，利用红外技术监测用户的运动数据和健康指标，为用户提供更加科学和精准的健身指导和推荐，通过身体传感器和数据采集器等技术手段对学习者进行实时的身体姿态监测和动作评估，掌握技术动作的运动轨迹、角度、速度等信息，以提高习练者动作的准确性和标准化程度，同时对于学习者进行运动状态评估和个性化训练指导也有很大帮助，也有利于促进智能穿戴设备在健身领域的应用和推广。还可以充分利用虚拟现实技术，例如 VR、AR 技术，建立虚拟中国传统体育养生项目馆和体验场馆，通过虚拟现实技术为用户提供身临其境的中国传统体育养生学习和实践体验，同时也可以增加用户的兴趣和参与度。

现在 3D 打印技术的使用正在逐步兴起，笔者认为将其引入中国传统体育养生中也是较为可行的，利用 3D 打印技术可以快速制作出各种形状和大小的气功器械和辅助器具，能够帮助用户更好地掌握和实践气功动作，同时也可以增加气功动作的多样性和趣味性，满足用户不同的训练需求和个性化要求。科学技术的使用可以提高中国传统体育养生技术动作练习的准确性、标准化程度和趣味性，为用户提供更加科学、多样化和个性化的训练服务，也为年轻人提供了一个健身的学习平台。

7.2.5.2　构建云平台网络生态系统

打造信息储存云模式。随着信息技术的发展，“云模式”已经成为保护、开发与利用传统文化的必要方式之一，可以保障文化资源长期的可拥有与可获取，充分发挥文化数字资源的价值。利用云模式可以更好地开展中国传统体育养生文化的保护和传承工作，可以有效破解中国传统体育养生传承人不足、传承时间和空间受限的发展困境难题，实现了对传统体育养生文化的纵横交错、跨越时间和空间进行的传播方式（王智慧，2015）。国家政策不断地出台，也积极鼓励中国传统体育养生的相关专家进行录课并上传，充分利用各个视频平台的传播效应，形成“专家—科技—习练者”的自主教学模式。

打造数字服务云平台。创建系统性的中国传统体育养生互联网平台，与各大运营商形成合作并保持同步推进，选择中国传统体育养生精神、起源、专家信息、各类竞赛、相关讲座等内容进行推广宣传，实现文化的云分享与云学习，使这些信息资源真正的流向并服务于群众。基于此，可以有针对性地开发一个具有个性化、交互性特点的应用程序，给使用者提供信息、指导等综合服务。这一点可以借鉴 Keep、悦动圈等使用频率高的体育软件，有针对性地推出训练计划、社区群聊以及线上找教练的免费或付费服务，2020～2022 年，大量的线下赛事不得不紧急叫停，催生出很多赛事和培训的线上＋线下联动模式。除此之外居家健身器材的销售情况涨幅较为明显（见图 7.5），还有专家认为在新冠疫情进入常态化后，人们对体育活动的需求将会在一个阶段内呈现急速增长的状态，这对于传统体育养生云平台来说是一种发展机遇。

从空间学角度来说，云平台生态系统是以云平台为发展基础、以市场为导向进行资源整合和制造，统一提供动态的资源服务，实现资源“点—线—网”的演化，进而形成综合的竞争力。构建云平台网络生态系统可以实现中国传统体育养生文化和科技的乘法效应。在飞速发展的云经济时代，科技是推动信息资源使用上升为价值创造活动的引导力量

(邢大宁等，2016)。云环境将带动中国传统体育养生文化的线下发展，促进其新业态的形成。

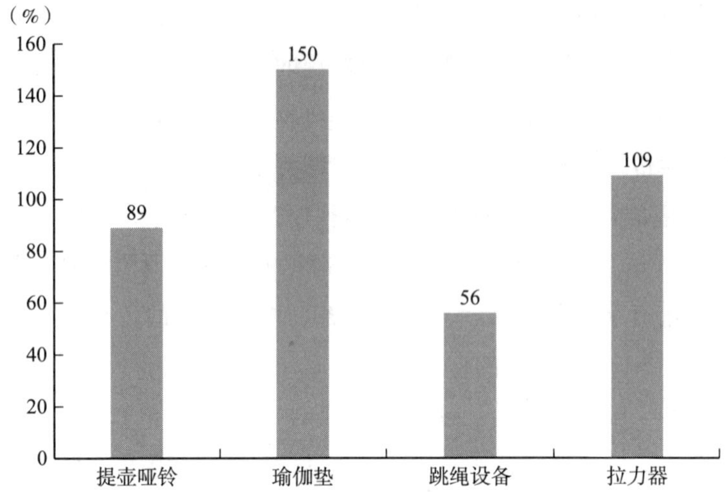

图 7.5　居家健身器材成交额变化

7.3　制度层的创新性发展

制度层是“人类在社会实践中建立的各种社会规范、社会组织构成的制度文化层”，是人类创造的一个“属于他们自己，服务于他们自己，同时又约束他们自己的社会环境”①。

7.3.1　坚持人才培养，强化中国传统体育养生文化建设人才支撑

“文明是人创造的，也是人来继承延续的”②。即使在大力弘扬中华

① 张岱年，方克立. 中国文化概论［M］. 北京：北京师范大学出版社，2006：4.

② 王岗. 关注武术传承的主体：人［J］. 搏击武术科学，2006（12）：30.

优秀传统文化的当下，不可否认的事实是：当今传统体育养生文化的流失，不管是自然流失、必然流失还是人为流失，关键是我们只关注了原来传统体育养生文化的文本，没有关注影响这些文本今后存在的关键——“人”①。为更好地赓续中国传统体育养生文化传承，我们应当抓住传统体育养生文化仍存的香火，培养人、鼓励人、发现人。没有人传承延续，再好的传统体育养生文化文本也会成为死态的文化，直至湮没在历史的风尘之中。

7.3.1.1　建立传统体育养生人才供需平衡机制

《“健康中国2030”规划纲要》指出要加强社会体育指导员队伍建设，到2030年，每千人拥有社会体育指导员2.3人②。2022年3月中共中央、国务院新推出的《关于构建更高水平的全民健身公共服务体系的意见》中进一步指出“要发展公益社会体育指导员队伍”③。坚持政策导向及社会发展的需求导向，通过扩大培养覆盖范围、促进人才横向流动、设置专职宣传人员等措施建立中国传统体育养生人才供需平衡机制。

（1）扩大培养覆盖范围

建立传统体育养生的人才平衡机制，最关键的一个环节就是扩大培养范围，在源头上补齐相关人才匮乏的短板，打通体育同各个领域的“分界线”。

首先，要在培养的空间范围上进行拓展。经过笔者不完全的数据统计，中国传统体育养生的体育类人才一般处于“黑河—腾冲”线右侧，其中以华东、华北地区居多，而西北、西南地区所占人数比例最少；而

---

① 王岗．关注武术传承的主体：人［J］．搏击武术科学，2006（12）：30.

② 中共中央 国务院印发《“健康中国2030”规划纲要》［EB/OL］．中国政府网，（2016－10－25）［2024－11－10］．http：//www.gov.cn/zhengce/2016－10/25/content_5124174.htm.

③ 中共中央办公厅 国务院办公厅印发《关于构建更高水平的全民健身公共服务体系的意见》［EB/OL］．中国政府网，（2022－03－23）［2024－11－10］．http：//www.gov.cn/zhengce/2022－03/23/content_5680908.htm.

且在民族传统体育养生的全国性赛事上也鲜少见到新疆地区、西藏地区、甘肃地区等地区的基层代表队伍以及高校代表队伍，经此分析得出结论在分区上呈现出地理层次上的显著性差异，今后在培训的空间选择上要有计划地加大对偏远地区的扶持力度。不仅是地理位置上有不均衡的现象，在城乡分布上也有较为显著的差异情况。针对城乡差异如此显著的情况应如何进行创新性发展的问题，笔者进行了问卷调查，数据统计如表 7.1 所示。

表 7.1　　缓解城乡失衡的措施（n = 431）（多选）

发展措施	选择人数（人）	所占比例（%）
加大乡村人才培养力度	327	75.9
拓宽乡村人才培训渠道	361	83.8
定期举办城乡经验交流活动	189	43.9
设置顶岗置换	174	40.3
增设相关福利政策	268	62.1
其他	51	11.8

由表 7.1 可知，专家老师们在拓宽乡村人才培养渠道、加大乡村人才培养力度以及增设相关福利政策几方面的选择比例偏高，可行性也是相对较高的。同时在访谈过程中，笔者还了解到专业人才常驻乡村的可行性和可能性不大，偏远地区、乡村的推广可以采用巡回流动培训模式，安排培训讲师分批次去培训指导、送教上门，这一观点也得到了 M 老师的认可。还可以采用远程培训模式，合理运用短视频等数字科技平台进行远程技术援助，但是相较于体育“言传身教”的特点来说还是有较大弊端，这种方式更适合一些理论方面的教学。

其次，要在培养的工种范围上进行拓展。各个领域各个行业要有传统体育养生练习的“带头人”，基于这种情况，国家通过大力推广武术“六进”、健身气功“五进”等各种手段促进民族传统体育养生文化在各个领域的繁荣发展，社会环境的发展、群众的健康需求也不断地证明了民族传统体育养生的技能知识和理论知识不能只局限于社会体育指导员、教练员、运动员等专业体育人的身上，要将其普及到各行业各领域中去，真正地形成于民、惠于民。基于此，笔者对拟加大培养力度的工种进行了问卷调查，数据统计如图7.6所示，从图中数据可以看出基层社会体育指导员所占比例最高，其次是养老机构护工、社会工作者、高校师生、国家公职人员、医务工作人员等。而且笔者在访谈中也了解到现在养老机构护工、医务人员的服务群体基数大且弱势群体居多，办公室人群由于工作性质久坐产生一系列亚健康状况等，比如健身气功、武术、太极拳等项目因其不受场地限制的优势，具有极强的传播优势。

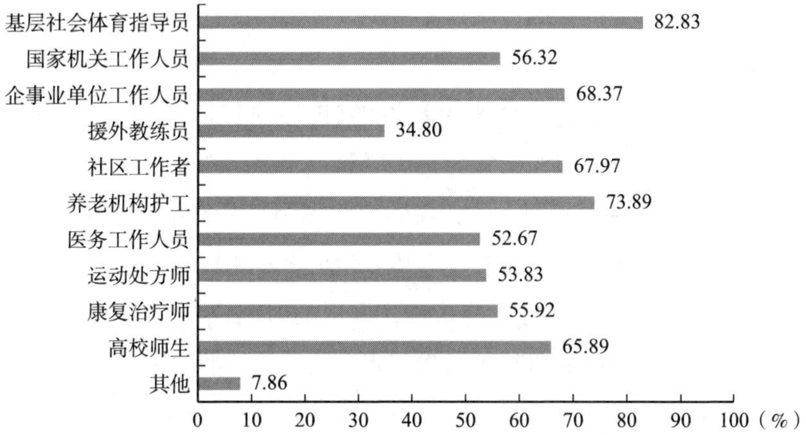

图7.6　拟加大培养力度的工作种类（n＝431）（多选）

（2）促进人才横向流动

上文中讲到中国传统体育养生的人才分布呈现出分布不均衡的情况，分别包含地理空间的不平衡、城乡的不平衡。也正如M老师所说“农村地区、西部偏远地区很难留住人才，所以只能在促进教练员的横向流动、当地人员教学活动这几方面下功夫，这就需要有一系列的后续保障，比如政府要适当给予优惠政策才能鼓励人才去基层、去西部”。

除了政府设置优惠政策之外，如何保证中国传统体育养生偏远地区和乡村的人才数量与质量能够“两手抓”成了工作开展的重难点之一。

首先，拓宽乡村的培训渠道并加大培训力度，使其能够受到更高层次的培养与培训，保证日常工作中能够运用正确的教学手段、教授科学的技术动作；其次，对于偏远地区、乡村人才可以设置更多编制名额，解决人才下乡难的实际困境；再次，在条件允许的情况下，积极落实城市人才要到偏远地区顶岗实习、置换研修的晋升制度；最后，举办线上或线下的人才工作经验交流活动，以实际行动进行重点工作帮扶。现如今网络媒体发展迅速，应合理运用多媒体进行线上培训，深化线下与线上教学协同育人的教育机制已经成为社会新趋势。

（3）设置专职宣传人员

建立一专多能的中国传统体育养生文化的国家宣传队伍，所谓一专多能指的是团队成员要技术动作过硬、理论知识过硬、外语能力过硬等。虽然对于中国传统体育养生文化的宣传与教学工作，我国有设置援外教练员，也有官方组织的宣传交流团队，还有国内的培训讲师等，但这些工作人员一般为兼职人员，实际工作多为高校教师、国际联合会、各级协会的工作人员等，面临着宣传教学工作不能持续化进行的现实问题以及每次难免都要进行岗前培训，产生的时间成本和人工成本的消耗。笔者结合这个问题进行了问卷调查，数据统计如图 7. 7 所示。

由图 7. 7 可以看出，有超过 70% 的专家认为有必要成立专职的国家宣传队伍，仅有 12. 07% 的专家持反对意见。设置中国传统体育养生专职宣传教育队伍利大于弊，除了可以参与国内的宣传培训工作，还可以参与国外的宣传与教学工作，既保证了教学内容科学化，又保证了教学阶段的连续化。

工作的顺利完成依赖于队伍的专业化水平。首先要选拔全方位人才，其次是培训，对团队成员进行专业化的定期培训、加强理论教育和技术学习，建立完备的职业考核制度，对此进行常态化落实，避免出现“唯资历、唯年龄、唯学历”的情况，将考核结果作为薪资水平的依据、职位升降的参考、培训的标准。

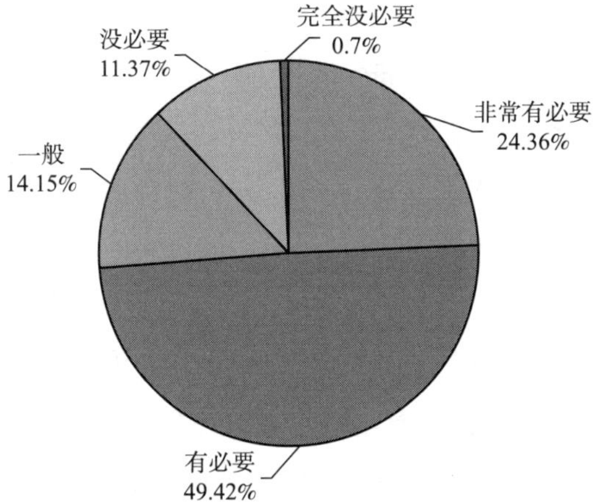

图 7.7　专职宣传队伍建设选择情况（n = 431）（单选）

7.3.1.2　夯实传统体育养生教育质量保障机制

（1）优化传统体育养生师资队伍

在世界文化同中国传统文化的博弈中，揽蓄传统体育养生国内外专家、建立中国传统体育养生精英人才圈是制胜的关键。其中相当一部分的人才出自高等院校的体育院系或医学院系和科研机构，也正是因为他们的底蕴挖掘、内涵整理、技术动作革新等工作的进行给予了中国传统体育养生文化在全球化背景下得以不断发展的不竭动力。这些精英人才除了承担了科研的责任外，还承担着育人的使命。众所周知，体育与其他学科最不同的地方是具有“言传、身教”的学科特点，优秀的师资队伍在中国传统体育养生项目的人才培养、教学过程中都起到了至关重要的作用，要进一步强化高层次人才队伍，引进世界一流的学术领军人物，以提升学科建设水平和竞争力。要揽蓄传统体育养生专家构成指导团队、要培养高水平中青年骨干力量组成实干队伍，形成横向覆盖、纵向贯通的师资体系。综上两点分析，持续性地优化包括高校教师、科研所工作人员等在内的传统体育养生师资队伍是中国传统体育养生文化赓续文脉的必然选择，也是新时代中国传统体育养生文化谋求新发展的实践之基。

（2）开齐开足传统体育养生课程

培养人才是高等学校的重要职责之一，要重构我国传统体育养生后备人才的目标体系，紧抓实施体系，建立健全内容体系（Zhang Fan，2017）。抓好传统体育养生的教育保障，最重要的是面向全体在校学生开齐开足中国传统体育养生普修课程，扩大培养对象与培养范围。要持续推动中国传统体育养生进校园，尤其是小学和高等学校，抓好学生“入口”教育和“出口”教育。首先要结合学生成长规律、根据学生实际需要进行教材创优、教法创优、师资创优、思路创优、机制创优；其次要营造良好的学习氛围，繁荣校园文化，并充分借助竞赛这一媒介，积极举办校内竞赛、参与高校间交流赛，打造“一校一品、一校多品”的文化发展氛围。

（3）提高传统体育养生培训质量

基层教练员、社会体育指导员等是中国传统体育养生基层教学与传播的主要力量，他们的数量与工作质量是中国传统体育养生推广传播的重要保障。随着国家的关注、社会的需要，使得官方培训成了他们提高能力和素质的基本途径。然而培训过程中有一些问题如课程结构有所欠缺、培训手段有待丰富等也开始显露出来。提高培训质量，把控好中国传统体育养生培训教学的出口关成了急需解决的问题。

合理设置课程结构。一般来说，在任何一场培训开始前必须有严格的日程和课程安排，但是笔者认为举办方还要结合受训学员的实际需要来合理控制理论课程和技术课程的比例，避免出现“重技术、轻理论”或者“重理论、轻技术”的培训现象，保证学员培训的全面性；还要根据参训学员已有的知识储备和能力水平进行设置理论课程的难易程度，保证学员培训的积极性。

丰富培训手段。有效的培训手段可以极大地促进培训效果，在培训过程中要以参培学员为主体、发挥授课讲师的引导作用。因中国传统体育养生的理论知识大多晦涩难懂，要建立学员学习的积极性则需要讲师对内容进行化繁为简、逐渐深入的讲解，要逐渐缓解现在很多讲师完全依赖多媒体设备，对于知识的输出完全是对 ppt 的直接阅读的培训现象，要更注意注重授课内容上的延伸。在培训方式的选择上，可以采用互动式讲座、现场诊断式教学、案例分析等培训方式。

设置奖励机制。在经济条件快速发展的今天，适当的物质奖励与精神奖励是激发目标学员参训和学习热情的重要手段。山东省健身气功管理中心工作人员陈老师在访谈中也提到“目前省内展开的巡回推广义务培训工作是为了给健身气功爱好者提供一个同专家交流的机会，进一步提高动作规格，培训的覆盖面积扩大化、激发基层健身气功爱好者的学习热情，就必须要有相应的奖励机制，为更好地推广健身气功打基础”。结合年龄、级别等情况，针对不同的培训人群合理设置物质奖励和精神奖励的比重，确保学员参训的热情、学习的积极性。

完善考核指标。据了解大部分的培训都是即时考核，而且中国传统体育养生类的培训考核多数倾向于对技术动作的检验。首先，在今后的培训工作中要逐步完善考核内容，促进参训学员理论与技术的全面发展；其次，要增加追踪反馈，课程培训终将服务于工作内容，不仅可以更好检验参训学员的掌握情况，还可以给学员一个进行再度咨询、提高工作能力的渠道，培训方更可以以此为根据进行培训内容上的及时调整。

7.3.1.3　推动交叉学科复合型人才的培养工作

提起体育的人才培养，大家可能首先想到的都是体育技能、体育理论等方面的情况。在访谈过程中，陈老师表示“健身气功要结合当地资源进行发展与推广，比如旅游、节日等”。在和王老师的访谈中笔者也了解到“目前中国传统体育养生的人才培养方面，金融服务、旅游等其他专业人才的培养与输出确实有点边缘化”。一直以来，在中国传统体育养生领域大多数都是进行专才培养，复合型人才相对较少。结合国家政策，针对中国传统体育养生的发展现状，要坚持完善以高等院校为主体，企业、科研机构、政府等共同参与的多主体协作人才培养模式，不断促进其与其他专业的跨界融合，丰富中国传统体育养生的人才培养类型。要积极推进健康与养老、旅游与互联网等领域的深度融合，培育新产业、新业态、新模式（曹雪莹等，2015），从而进一步促进中国传统体育养生文化经济价值和社会价值的挖掘和实现（杨子，2022）。

推动中国传统体育养生的科研和生命科学相结合。中国传统体育养生的数字化发展不仅指的是传播方式等方面的变化，还指的是其本身科学研究的数字化，以科学数据为导向，不断推动中国传统体育养生与数理科学知识进行有机融合并向运动人体生命科学的研究方向进行深度交叉演化。比如美国医生埃琳娜（Elena）用太极拳做心脏的运动康复进行了为期6个月的干预实验，并在美国心脏协会杂志上发表研究成果，太极拳因此被称为“动药”。此类数据化的研究在国外较多，今后传统体育养生在国内的发展应该用有组织的科研带动高质量的培养，利用有计划、有组织的交叉学科培养促进中国传统体育养生文化的数据化、科学性发展。

推动中国传统体育养生和外语翻译相结合。在“一带一路”的时代背景下，对外宣传是传播中国传统体育养生文化的手段之一（杨梅，2007）。目前国际范围的中国传统体育养生文化讲座、赛事、教学活动频繁开展，这就要求翻译人员既对中国传统体育养生文化如数家珍，又要同时拥有较高的外语水平。为此，需要政府出台相关的政策文件，加强对专业翻译人员的培养工作。比如可以在高等院校体育学院的体育翻译专业开设“中国传统体育养生外翻方向”，从而为中国传统体育养生文化的翻译工作培养出专门的人才，并改善改变某些翻译混乱的现状。

7.3.1.4 加强传统体育养生成果转化平台建设

高等院校和科研机构作为教学和科研的主阵地，有大量的科研成果和实践成果。我国高校专利申报情况十分可观，但是专利转让、许可情况却很少，根据中国科技发展战略研究院的数据，我国拥有世界最多的科技研发人才，已突破 300 万大关，而我国的科技创新水平却只在全球排名 19 名；虽然我们在国际上发表了大量的学术文章，并且在申请和授权方面都是全球的领先水平，但是真正能够“赚钱”并产生经济效益的研究并不多，而且我们的科研结果转化效率只有 1/10（周红宇，2016）。相对而言，中国传统体育养生成果的转化率还要更低一些。要积极构建成果转化平台，用高质量的科研带动成果有效地延伸，促进专业化、市场化的中国传统体育养生科研成果转化，把三方力量进行有效整合形成，让信息更加对等、畅通，最终形成“政府—科研机构（高校）—企业”的良性产业循环结构。

7.3.2　加强内外联动，推动中国传统体育养生文化相关部门配合

要进一步推动中国传统体育养生与文化娱乐、旅游交流、体育健身的融合发展，继续坚持“四位一体”工作思路，并根据形势发展赋予其新的内涵。笔者就是否有必要持续加大并深化体育主管部门与其他部门的联动管理工作这一问题进行了问卷调查，数据统计如图 7.8 所示。

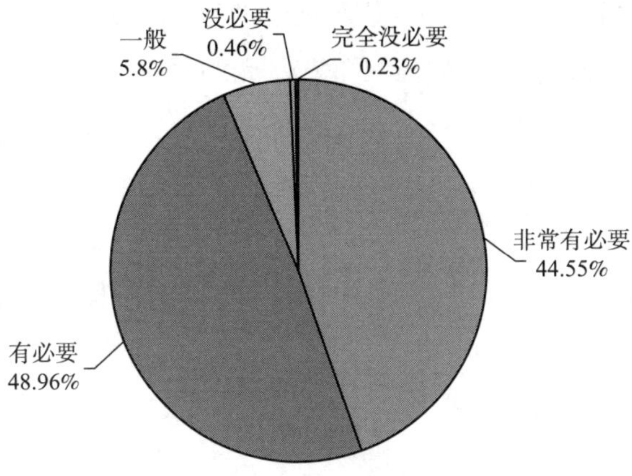

图 7.8　是否有必要加强联动管理工作选择情况（n = 431）（单选）

由图 7.8 可以看出有超过 90% 的专家认为有必要持续加大各部门的联动工作，仅有不足 1% 的专家认为没有进一步深化的必要。

7.3.2.1 强化政府相关部门的协调配合，推动健身场地全面开放共享

2022 年 3 月，中共中央、国务院颁布的《关于构建更高水平的全民健身公共服务体系的意见》指出“要推动健身场地全面开放共享，并在 2025 年达到人均体育面积达到 2.6 平方米”。自 2020 年以来，越来越多的人意识到健康的重要性，由此可见，新冠疫情推动健身场地全面开放共享对于中国传统体育养生的发展也是一个重要的契机。面对这种情况，政府部门应当加强协调，形成有力的政策支持和行业规范，为中国传统体育养生的传承和发展提供更好的政策保障和服务保障。各级政府部门可以共同制定传承和发展规划，促进各方面的协调和配合。

7.3.2.2 形成中国传统体育养生联合体，举办多样化多层次赛事活动

中国传统体育养生种类繁多，地区分布广泛，因此要想有效整合资源，促进中国传统体育养生的发展，就必须形成一个统一的组织架构和管理体系。通过建立统一的组织架构和管理体系，可以有效地整合资源，为中国传统体育养生的推广和传承提供更好的组织保障。另外，建立一个统一的管理体系也能够有效地促进中国传统体育养生的发展，为中国传统体育养生文化提供更多的传播平台和渠道。此外，还可以积极举办多样化多层次的赛事活动，一方面可以激发民众参与体育运动的热情，另一方面也可以为中国传统体育养生提供更好的传承与推广平台。

7.3.2.3 促进社会其他领域的联动配合，积极营造良好社会发展氛围

中国传统体育养生与其他领域的交流合作，可以丰富中国传统体育

养生文化的内涵和外延，增强其吸引力、扩大其影响力。例如可以推动中国传统体育养生与中医、药膳、文化旅游等相关领域的交流合作，打造多元化的中国传统体育养生的文化体验，并为中国传统体育养生项目的发展提供一个良好的发展环境和社会氛围、为中国传统体育养生文化的传承和发展提供更多的支持和保障、为广大民众提供更好的健康保障和生活享受。

要加强中国传统体育养生与其他部门的合作联动，需要建立跨部门的合作机制，打破部门之间的壁垒和局限性，实现资源的共享和优化。同时，也需要加强传统体育养生的宣传推广，扩大传统体育养生的传播市场和影响辐射范围，吸引更多人参与到传统体育养生中来。

7.3.3　优化考核机制，优化中国传统体育养生文化组织管理网格

建立考核评价体系，能够明确传统体育养生文化的核心价值和技能要求，为相关人才的培养和传承提供指导和标准。首先，可以提高中国传统体育养生的整体水平。通过对传统体育养生技能的考核评价，能够对不同等级的传统体育养生从业者进行分类，促进其技能的提升，从而提高中国传统体育养生从业者的整体能力。其次，加速中国传统体育养生文化产业化的进程。建立考核评价体系，能够为传统体育养生产业的规范化和标准化发展提供基础和保障，提高传统体育养生产品和服务的质量和竞争力，促进其产业化和国际化发展。

7.3.3.1　强化各级单位督察考核机制

加强组织管理，建立中国传统体育养生组织管理网格。在中国传统体育养生的各级单位内形成并使用严格统一的督察考核制度，将中国传统体育养生文化作为考核指标落在实处，积极落实问责制度。在传统体育养生领域内建立起一套行之有效的管理网络和制度体系，旨在提高中国传统体育养生服务的质量和效率、保障教学安全，推进中国传统体育

养生系统化、规范化、标准化的发展。充分利用中国传统体育养生组织管理网格，提高组织管理的效率和水平，为中国传统体育养生组织管理网格的传承和发展提供更好的组织保障。例如可以在城市、乡镇、村庄等层级建立组织管理点，实现对中国传统体育养生组织管理网格从业者的有效管理和监督。

7.3.3.2 优化等级考核制度与竞赛规则

优化等级考核制度。针对上文中提到的社会体育指导员证书、教练员证书、运动康复师证书、裁判员证书、段位证书、运动员证书等证书的考核制度进行优化。根据考核评价指标，制定相应的考核评价标准，设计考核评价流程，实施考核评价。首先，积极完善相应的评价考核指标，根据不同等级的传统体育养生习练者，应设置相应的考核评价指标。如包括技能要求、教育培训内容、考生综合素质和教学标准等方面的指标。其次，制定相应的考核评价标准，考核评价标准应包括传统体育养生技能的实操表现、理论知识掌握程度、教学能力和态度等方面的标准。考核评价流程应包括报名、资格审核、笔试、实操表现、教学能力和服务态度等方面的环节，考核评价流程应公开透明，遵循公正、公平、公开的原则。最后，实施考核评价。考核评价应由权威机构或专业人士负责实施。提高对中国传统体育养生相关等级证书的社会认可程度，既可以推动技术动作的规范性，又可以促进习练者学习的积极性。

优化竞赛规则。过分关注和追求中华武术成为奥运会的正式赛事，致使中华武术在形式和技术上的规范、竞赛体系和评估体系等方面发生了根本性的变化。逐渐形成了唯竞赛、唯“高难美新”的演变趋势，但是步入新时代以来，竞赛的需求悄然降低，普通大众的健康需求正在攀升。笔者就中国传统体育养生项目的竞赛规则中动作规格的发展方向进行了问卷调查，数据统计结果如图 7.9 所示。

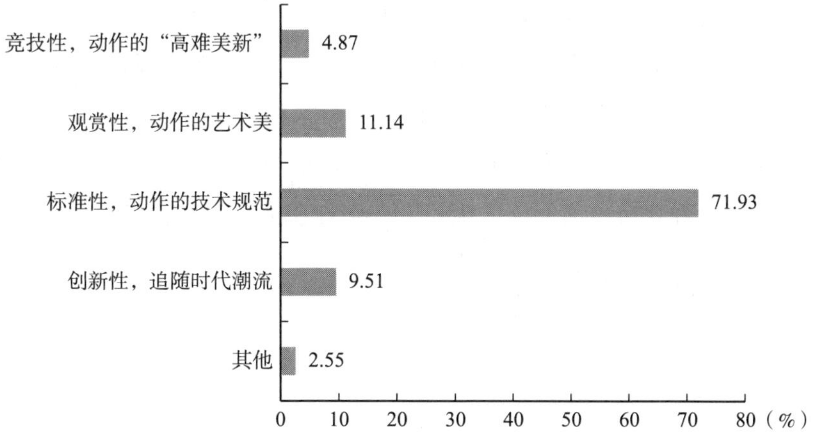

图 7.9　竞赛规则——动作规格的变化方向选择情况（n = 431）（多选）

由图 7.9 可知，有 71.93% 的专家认为竞赛规则的发展应该注重技术动作的标准化，强调动作的技术规范；有 11.14% 的专家认为要倾向于观赏性，强调技术动作的艺术美；有 9.51% 的专家认为要倾向于技术动作的创新性，追随时代潮流；还有 4.87% 的专家认为要凸显竞技性，实现技术动作的“高难美新”；还有一些专家提出要考虑技术动作符合人体生理结构变化规律的特点、要考虑项目的特点以及内涵。综上所述，竞赛规则中动作规格的演变趋势应是回归项目本身，更多地关注技术动作的规范化、标准化，破除唯竞赛论、关注群众的健康需求。

优化考核机制和组织管理网格，提高中国传统体育养生的组织管理水平和教练员素质，为中国传统体育养生项目教学工作的顺利开展提供更好的保障，为广大民众提供更好的健康保障和生活享受。同时，也可以促进中国传统体育养生文化的传播和推广。

7.4　精神层的创新性发展

针对新时代中国传统体育养生文化精神层的发展方向这一问题，笔者进行了问卷统计，统计结果如图 7. 10 所示，有 79. 35% 的专家认为基层教学方面要更加科学化、专业化；有 68. 45% 的专家认为要加强实证研究，丰富实证研究手段；有 58. 47% 的专家认为要深化理论阐释，保障中国传统体育养生文化的民族性与先进性；还有 47. 8% 的专家认为要积极引导群众对中国传统体育养生文化有真正客观的认识与评价，营造科学的健身养生氛围。

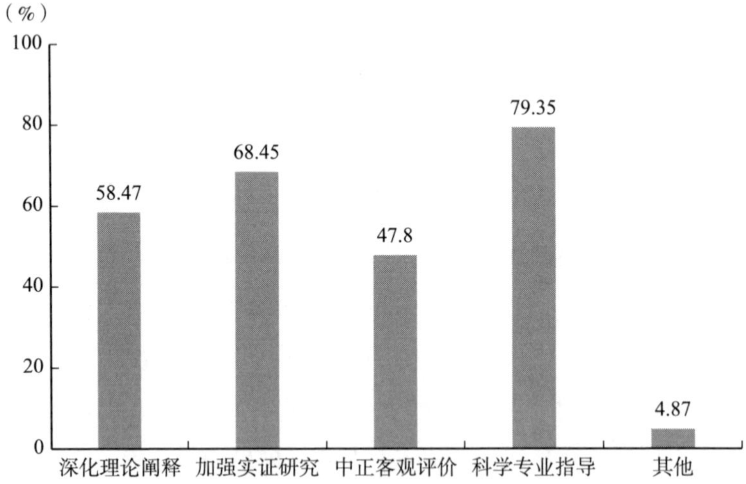

图 7. 10　中国传统体育养生文化精神层面发展方向（n =431）（多选）

7. 4. 1　深挖理论精髓，提升中国传统体育养生文化新时代引领力

提高中国传统体育养生文化在新时代引领力，就必须坚持理论研究与技术实践并轨输出；要坚持文化服务于群众，以满足各类群体的健康需求为导向，充分发挥其先进的作用和价值；要多角度、多层次地进行文化创新，让更多的人感受到民族文化成果的魅力；在此基础上，维护文化的民族特色，推动中国传统体育养生文化的高品质、可持续的发展。

积极寻找新的研究热点、表现形式，不断深刻、全面地理解传统体育养生文化，才能挖掘其中的优秀文化因子，这要求对其进行扎实的全方位研究，奠定坚实的理论基础。在不断强化传统体育养生学科体系、学术体系与话语体系的基础上，不断发展出具有思想内涵、理论分量和话语质量的创新性成果。要以学科交叉建设为方向，推进中国传统体育养生文化的研究朝多元、立体方向引申与建构；以课题研究为抓手，将相关领域专家学者调动组织起来，提升中国传统体育养生文化研究的新高度，打造具有时代影响力的精品，构建中国传统体育养生文化学术体系；以运动人体生命科学为基础，将中国传统体育养生科学化、系统化、多样化、理论化，促进体医融合，建立统计学意义上数据基础上证明健身机理，用新时代科学化的语言解释，构建中国传统体育养生的话语体系。

7.4.2　凝练文化标识，形成中国传统体育养生文化新时代话语权

党的二十大报告指出要“以中国式现代化全面推进中华民族伟大复兴”①。在当今这个时代，文化认同比以往的每个时代来得都更重要。打造中国传统体育养生文化品牌，提炼中国独有的文化标识，通过整合资源和加强品牌建设，在全球性的文化流动与角逐中凝练中国式文化ip，是打造中国传统体育养生文化国际地位的必经之路。“苟时时正吾心，修吾身，则养成浩气，天下事无不可为也”，自强不息民族精神与民族文化的价值范式深深地烙印在中国传统体育养生文化中，诸如健身气功注重以德培功、更是留下了“功从德上来，德为功之母”“欲修其身，先正其心”的警世之语；武术强调“天人和谐、师法自然、知行合一、阴阳变化”……这些优秀的基因片段彰显着中国传统体育养生文

① 习近平. 高举中国特色社会主义伟大旗帜 为全面建设社会主义现代化国家而团结奋斗——在中国共产党第二十次全国代表大会上的报告［EB/OL］. 中国政府网，(2022-10-25)［2024-11-10］. http：//www.gov.cn/xinwen/2022-10/25/content_5721685.htm.

化鲜明的民族特点，也正是这些基因片段成为我国处于世界文化激荡中，依然能够逐步实现中华传统文化自觉、自尊、自信的根本与底蕴。立足新时代的新起点，要以中国传统体育养生文化的丰厚成果为根基，以其蕴含的文化精神价值为砖瓦，让中国传统体育养生在当代社会实践中筑起“碉堡”，全国政协委员、江苏省作家协会名誉主席范晓青老师提出：“既然是‘中国式 IP’必须要有自己的想法和方法，进而才能有自己的特色，才能在国际市场上获得更多的机会和发展空间。不然就会被其他国家的模式和经验所束缚。”赓续文脉为中国立心、萃取精华为民族铸魂，做守望民族传统文化的代言人，做民族文化土壤的耕耘者，弘扬中华民族文化 ip。

7.4.3 强化科学指导，培养中国传统体育养生文化客观评价态度

周红宇（2016）通过实验发现静态运动中骨骼肌传入神经纤维的机械和代谢容易引起升压反应，气功多数是静态运动，突然练习存在血液流速变慢、血压升高的可能，这对脑血管、缺血性心脏病重症患者的危害是致命的，在没有西医药物干预下锻炼气功存在潜在的风险。是以加强科学指导、做好宣传工作，培养人民群众对中国传统体育养生文化的客观认识态度，杜绝将其“妖魔化”和“神化”，薛老师也在访谈中特别指出“我们通过科学的指导与教学工作宣传的是中国传统体育养生思想，积极营造科学养生的社会氛围”，要始终强调中国传统体育养生文化是中华优秀传统文化的一部分，中国传统体育养生的技术动作只是一种锻炼方法，“运动是良医”“太极是良药”，最大程度地发挥良医和良药的作用就要从多个角度对身体进行保养，养成健康的生活方式。健康的身体除了长期坚持锻炼外，还有 77.96% 的专家认为要安排合理的饮食；79.35% 的专家认为要配合规律的作息；还有 85.15% 的专家认为要养成良好的心态；还有专家指出要注意自然环境的影响（见图 7.11）。新媒体时代，舆论导向、网络文化的发展方向并均存在不可控的因素，

这就要求必须加强宣传与科学指导工作，引导群众对“中国传统体育文化也是文化”正确的、客观的认识，避免出现上文所说的“群众盲目信任或盲目排斥”情况。

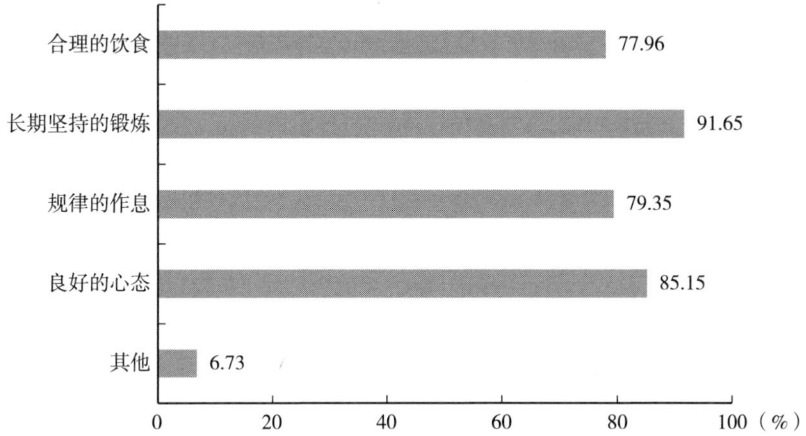

图7.11　促进身体健康的其他措施（n=431）（多选）

7.4.4　充实实证手段，构建中国传统体育养生文化多元实证体系

目前以西方现代医学为手段对中国传统体育养生进行的实证研究比较多，应积极探寻实证研究的其他方向。中国传统体育养生的理论基础是基于传统的哲学和医学，它更关注于精、气、血、经络、脏腑之间的相互作用与整体的协调性。尝试以多种实证科研手段充分挖掘中国传统体育养生文化的健康价值，逐步契合人民的健康需要，为人民提供全方位、全周期的健康服务。

第一，运用具有独特东方特征的实证手段似乎更加符合中国传统体育养生的动作要点以及作用机理。如健身气功动作风格绵缓柔和，讲究“调身、调息、调心”三调合一，要求形体中正、动作舒松、柔缓圆连、以达到舒筋活血、强心益肺的目的；太极拳讲究刚柔并济、圆活自然、用意不用力，要求内外兼练、协调完整；武术要求刚劲有力、舒展大方、精神饱满。

第二，将传统体育养生和西方竞技体育进行综合性的实证研究。竞技体育在实验化方面的研究方法发展比较成熟，传统体育养生可以借鉴竞技体育的研究手段和方法用于自身实证化中，加快研究进程。传统体育养生的保健与康复功能可以运用到竞技体育的恢复过程中，拓宽中国传统体育养生的发展道路。

第8章

结论与展望

8.1 研究结论

推进中华优秀传统文化创新性发展是新时代重大的理论和实践课题，要厘清发展现状、明确发展方向，使其能够与当代文化相适应、与现代社会相协调。在激发中国传统体育养生文化生命力的前提下，从物质、制度、精神三个层面对其内涵范畴和外延样态加以拓展和完善，完善表达机制，做好人民健康的扶云梯、民族文化的强心剂、社会治理的压舱石。

本书基于新时代的实践需求以及对中国传统体育养生文化发展现状的把握，将其面临的现实困境归类到物质、制度、精神三个层面，经过笔者对相关内容的合理分析后，本书认为：

首先，物质层面包括技术动作、音乐、服装配饰、书籍音像资料、科技元素等因素，其发展困境主要体现在：技术动作内容有待进一步丰富化、书籍音像资料有待进一步专业化、音乐风格元素有待进一步多元化、服装材质款式有待进一步多样化、高科技融合使用有待进一步提升等方面。因此，提出相应的创新性发展策略：通过运动处方、不同人群定向化开发等方面创新技术动作，提升中国传统体育养生文化发展内生动力；通过出版多种译文的书籍、制作专业的视频教程等角度丰富书籍音像，激发中国传统体育养生文化发展外在活力；坚持项目特色，培育中国传统体育养生文化音乐传承载体；丰富服装元素，重塑中国传统体育养生文化服装传承载体；通过融合使用可穿戴科技设备、构建云平台网络生态系统，赋能中国传统体育养生文化数字平台布局。

其次，制度层面包括人才培养模式、各部门联动配合、相关考核机制等因素，其发展困境主要体现在：培养范围覆盖不全、课程结构失衡、产学研用融合薄弱等的人才培养模式滞后现象；部门联动协调配合有待进一步提高；相关考核机制有待进一步完善等方面。因此，提出相应的创新性发展策略：坚持人才培养，通过建立传统体育养生人才供需平衡机制、夯实传统体育养生教育质量保障机制、推动交叉学科复合型人才的培养工作等强化中国传统体育养生文化建设人才支撑；加强内外联动，推动中国传统体育养生文化相关部门配合；优化考核机制、竞赛规则等优化中国传统体育养生文化组织管理网格。

最后，精神层面包括养生理论阐释、实证研究、中正客观评价理念、文化标识塑造等因素，其发展困境主要体现在：存在着评价理念有待进一步秉持、文化标识塑造意识有待进一步强化等方面。因此，提出相应的创新性发展策略：深挖理论精髓，提升中国传统体育养生文化新时代引领力；凝练文化标识，形成中国传统体育养生文化新时代话语权；强化科学指导，培养中国传统体育养生文化客观评价态度；充实实证手段，构建中国传统体育养生文化多元实证体系。

8.2 研究建议

时代是动态的年轮，站在新时代的风口上，要不断重塑中国传统体育养生文化的时代价值，不断挖掘中国传统体育养生文化的生命力。创新性发展是中国传统体育养生文化承担时代新责任、抓住时代新机遇、赓续传承的必然选择，但是实现创新性发展是一个系统工程，需要各个相关专业、行业的人才为之献计献策，最终形成一股发展的合力。

首先，希望可以鼓励与中国传统体育养生文化相关的音乐、服装设计、书籍编排、体育翻译、各项高科技产品研发人员、运动处方医生等方面的专家一起参与传统体育养生的专业会议或研讨，取众家所长、全方位地促进中国传统体育养生文化物质层面的发展。

其次，希望可以在国家体育总局的领导和推动下，逐步完善各项规章制度、优化竞赛规则，持续推进交叉学科复合型人才的培养工作，深化各不同部门之间的联动配合。

最后，希望由国家官方机构牵头，搭建中国传统体育养生文化的全学科科研平台，邀请历史学、社会学、文学、现代医学、中医学等其他相关学科的专家在平台上各抒己见，从不同社会角度深挖中国传统体育养生文化的理论精髓、充实实证科研手段，让中国传统体育养生文化的研究视野不再局限于体育的“圈子”。

8.3 研究展望

中国传统体育养生文化的传承与发展不是亘古不变的，是在随着时代的进步而不断变化的，正如过去中国传统体育养生的教学多倾向于线下教学，但是随着新兴自媒体的发展，线上的培训、教学工作不断迭起。人民群众的健康需求也随着时代的变化而不断变化，也就造就了中国传统体育养生文化的传承与发展时刻处于一个动态的过程中。因此在未来的发展过程中，本书的研究现状、各级指标的权重等可能与未来的发展趋势有所出入，也更要求研究者们以发展的眼光去看待、研究中国传统体育养生文化的发展问题。此外，因笔者的研究能力和学术水平有限，难以在当前的研究中做到面面俱到，还留有很大的论域和纵深的空间。因此，笔者会在未来的学习中深化研究的广度与深度，希望能以微薄之力推动中国传统体育养生文化的传承与发展。

参考文献

［1］［美］弗雷德里克·詹姆逊．论全球化和文化［M］．北京：北京大学出版社，2002.

［2］［美］奈斯比特．大趋势 改变我们生活的十个新方向［M］．姚琮译，北京：科学普及出版社．1985.

［3］［美］约瑟夫·阿罗斯·熊彼特．经济发展理论［M］．北京：北京大学出版社，1912.

［4］［英］爱德华·泰勒著，连树声译．原始文化［M］．上海：上海文艺出版社，1992.

［5］［英］汤因比，［日］池田大作．展望二十一世纪 汤因比与池田大作对话录［M］．荀春生等译，北京：国际文化出版公司．1985.

［6］马克思恩格斯文集：第2卷［M］．北京：人民出版社，2009.

［7］白晋湘．民族传统体育文化学［M］．北京：民族出版社，2004.

［8］曹雪莹，张云崖．太极拳对外教学研究［J］．体育文化导刊，2015（8）.

［9］陈大鹏，高亚洲，宋爱国，刘佳，曾洪．基于触摸屏交互的指套式盲文再现系统［J］．仪器仪表学报，2022，43（5）.

［10］陈知昌．太极养生杖锻炼对2型糖尿病合并高血压患者生存质量影响的研究［D］．北京：北京体育大学，2016.

［11］谌俊斐．武术文化国际传播多元模式的构建探究［J］．才智，2019（8）.

［12］辞海编辑委员会编纂．辞海［M］．上海：上海辞书出版社，2001.

［13］崔永胜，周东，王保军．“动形养生”基本思想及其基本内涵［J］．山东体育学院学报，2007（5）.

［14］丁省伟，范铜钢．新时代传统体育养生发展路径研究［J］．体育文化导刊，2018，195（9）.

［15］董跃春．中国传统体育养生文化的历史变迁［J］．社会体育学，2020（10）.

［16］范鹏，李新潮．界定与辨析：“创造性转化”“创新性发展”的内涵解读［J］．兰州大学学报（社会科学版），2021（2）.

［17］范兴伟．健身气功术语英译现状及策略研究［D］．大连：辽宁师范大学，2019.

［18］冯宏伟．论体育产业化背景下的民族传统体育人才培养［J］．经济研究导刊，2017（15）.

［19］冯天瑜主编．中华文化辞典［Z］．武昌：武汉大学出版社，2001.

［20］葛森．长春市社区健身气功开展现状研究［D］．长春：吉林体育学院，2012.

［21］顾慧慧．中国传统文化的创新性发展研究［D］．喀什：喀什大学，2020.

［22］官铁宇．八段锦对大学生亚健康干预的实验研究［J］．成都体育学院学报，2013，39（3）.

［23］郭建宁．当前文化研究若干前沿问题论析［J］．新华文摘，2006（17）.

［24］郭玉成．推动中华武术文化守正创新［N］．文汇报，2024－09－08（11）.

［25］韩震．论作为社会主义核心价值观的和谐［J］．高校理论战线，2012（4）.

［26］郝勤．中国古代养生文化［M］．成都：巴蜀书社，1989.

［27］胡孚琛，吕锡琛．道学通论——道家、道教、仙学［M］．北京：社会科学文献出版社，1999.

［28］胡孚琛．丹道仙术入门［M］．北京：社会科学文献出版社，2009.

［29］胡晓飞．论传统体育养生［M］．北京：人民体育出版社，2007.

［30］华宏县，卢文云．健康中国视角下体医融合实践：进展与展望［J］．体育文化导刊，2022，245（11）.

［31］黄贤秀．新时代齐鲁武术文化的创造性转化与创新性发展［D］．济南：山东大学，2021.

［32］霍阅尧，李红丽，刘喆．基于虚拟现实技术的古建筑博物馆应用研究［J］．四川建材，2019，45（6）.

［33］季浏．体育与健康［M］．上海：华东师范大学出版社，2001.

［34］季羡林．神州文化集成丛书序［M］．北京：新华出版社，1991.

［35］贾冕，王正珍，李博文．中医运动处方的起源与发展［J］．体育科学，2017，37（10）.

［36］贾瑞光．少数民族传统体育与其专业服装的发展性原则［J］．运动，2018（9）：154＋127.

［37］贾天奇，李娟，樊凤杰，宋佳霖，洪文学．体育疗法与亚健康干预［J］．体育与科学，2008（3）.

［38］姜亮亮．上海体育学院“产学研”现状的研究［D］．上海：上海体育学院，2011.

［39］焦晓霞．中国健身气功的历史起源及演进［J］．黑河学院学报，2018，9（10）.

［40］金爱娜．对构建现代运动健康理念的思考［J］．湖北体育科技，2013，32（10）.

[41] 李爱增，王柏利．新时代中国武术创造性转化与创新性发展的四重维度［J］．广州体育学院学报，2020，40（5）．

[42] 李建威．逻辑、特质及路径：新时代中国武术文化自信研究［J］．吉林体育学院学报，2020，36（3）．

[43] 李文川，刘春梅．不同古典医学文化中的“运动是良医”思想［J］．北京体育大学学报，2017，40（8）．

[44] 李文鸿．中国古代养生的文化生产［D］．上海：上海体育学院，2013．

[45] 李新潮．中华传统文化“创造性转化、创新性发展”思想研究［D］．兰州：兰州大学，2021．

[46] 梁庚尧．中国社会史［M］．上海：东方出版中心，2016．

[47] 梁自玉．湘西凤凰县民族文化变迁机制探析——以苗族为例［J］．贵州民族学院学报（哲学社会科学版），2010（1）．

[48] 林青，杨丽娜，祁佳斌．高校优秀文化传承与创新人才培养的协同推进机制研究［J］．现代经济信息，2017（2）．

[49] 林旭，黎怀星，叶兴旺，等．环境和遗传因素与慢性代谢性疾病的人群研究［J］．生命科学，2012（7）．

[50] 林中鹏，［日］早岛妙听．中华古导引学［M］．北京：北京体育大学出版社，2014．

[51] 蔺志华．道家养生功法之研究［D］．上海：上海体育学院，2009．

[52] 刘明洋，张云崖．基于 CiteSpace 的中国健身气功研究进展与热点分析［J］．山东体育科技，2021，43（1）．

[53] 刘胜男．吉剧的创新性发展研究［D］．长春：吉林大学，2020．

[54] 刘小学．中国民族传统体育在北欧的传播［J］．体育文化导刊，2012（9）．

[55] 卢元镇．体育文化演讲录［M］．广州：中山大学出版社，

2020.

［56］卢元镇．希望在于东方体育文化的复兴——兼论从中国少数民族传统运动会向东方运动会转型［J］．体育文化导刊，2003（10）：16－19.

［57］罗琪，李军．传统体育养生文化对大学生综合素质的影响［J］．体育世界（学术版），2018（6）.

［58］马多玲．健身气功·大舞对女性办公室人群颈、腰部关节活动度干预效果研究［D］．上海：上海体育学院，2015.

［59］明磊，王岗．中国武术的文化使命与责任担当［J］．北京体育大学学报，2017，40（9）.

［60］穆长帅，王震．从经络学说的视角探研健身气功·马王堆导引术的健身原理［J］．中国运动医学杂志，2011，30（2）.

［61］潘红梅，陶颖彦．论近代汉服研究的现实意义与价值［J］．轻纺工业与技术，2021，50（10）.

［62］庞朴．文化的民族性问题［M］．合肥：安徽教育出版社，1999.

［63］裴涛．健身气功发展现状的综述研究［J］．中华武术（研究），2018，7（1）.

［64］齐冬红．文化全球化语境下的当代中国文化建设［D］．保定：河北大学，2006.

［65］邱丕相．中国传统体育养生学［M］．北京：人民体育出版社，2007.

［66］任颖．金缮工艺传承与创新性发展研究［D］．太原：山西大学，2020.

［67］塞缪尔·亨廷顿．文明的冲突与世界秩序的重建［M］．北京：新华出版社，2010.

［68］沈娟．达州市社区健身气功地开展现状与对策研究［D］．成都：成都体育学院，2013.

[69] 孙晓琳．健身气功六字诀对糖尿病肾病患者糖代谢及血液流变学影响 [J]．辽宁中医药大学学报，2018，20（7）．

[70] 滕小霞．阴阳学说下健身气功·八段锦养生机理分析 [D]．武汉：武汉体育学院，2020．

[71] 滕树云，李向阳．中国传统体育养生文化与健康研究 [J]．运动，2016（6）．

[72] 万瑜．“健身气功·八段锦”练习对大学生心理健康的影响 [J]．北京体育大学学报，2011，34（12）．

[73] 王飞，曾天雪．基于技术难言性的民族传统体育课程研究 [J]．武汉体育学院学报，2010（9）．

[74] 王岗，邱丕相．武术国际化的方略：维系传统与超越传统 [J]．中国体育科技，2005，41（4）．

[75] 王岗．关注武术传承的主体：人 [J]．搏击武术科学，2006（12）．

[76] 王楠．论中国传统体育养生观 [D]．郑州：河南大学，2006．

[77] 王榕．健身气功八段锦对颈肩亚健康人群的保健作用研究 [D]．兰州：西北师范大学，2017．

[78] 王艳红，石爱桥．“健康中国”视域下的传统体育养生文化 [J]．甘肃社会科学，2017，230（5）．

[79] 王艳红，石爱桥．中国传统体育养生文化的历史变迁 [J]．体育文化导刊，2018（1）．

[80] 王莹，陈鹏．健身气功新功法创编的社会学价值分析 [J]．搏击·武术科学，2011，8（9）．

[81] 王智慧．我国民族传统体育文化本源、特征与传承方式研究 [J]．西安体育学院学报，2015，32（1）．

[82] 魏刚．传统体育养生思想史研究 [D]．苏州：苏州大学，2013．

［83］魏胜敏．中国传统导引养生术的方法论特征及其当代价值［D］．福州：福建师范大学，2012.

［84］温力．中国武术概论［M］．北京：人民体育出版社，2018.

［85］吴明冬，龙宇晓．中国少数民族传统武术伦理及其新时代价值［C］//中国体育科学学会．第十二届全国体育科学大会论文摘要汇编——专题报告（武术与民族传统体育分会），2022.

［86］吴瑕．传统体育养生与治未病［J］．时珍国医国药，2012，23（4）.

［87］吴延．从奥运会主题曲看体育音乐的发展［J］．音乐创作，2017（9）.

［88］郗戈，董彪．传统文化的现代转化：模式、机制与路径［J］．学习与探索，2017（3）.

［89］习近平．决胜全面建成小康社会夺取新时代中国特色社会主义伟大胜利［N］．人民日报，2017－10－28（001）.

［90］习近平．习近平谈治国理政：第三卷［M］．北京：外文出版社，2022.

［91］习近平．习近平谈治国理政：第四卷［M］．北京：外文出版社，2022.

［92］习近平．在文化传承发展座谈会上的讲话［M］．北京：人民出版社，2023.

［93］习近平：高举中国特色社会主义伟大旗帜 为全面建设社会主义现代化国家而团结奋斗——在中国共产党第二十次全国代表大会上的报告［EB/OL］．中国政府网，（2022－10－15）［2024－11－10］．http：//www. gov. cn/xinwen/2022－10/25/content_5721685. htm.

［94］董潇珊，陆永胜．精神生活共同富裕的文化向度及价值逻辑［J］．重庆社会科学，2023（5）：17－19.

［95］习近平在联合国教科文组织总部的演讲［N］．人民日报，2014－03－28（3）.

［96］项汉平，丁丽玲，刘治国，项馨．健身气功在普通高校的开展现状及发展对策［J］．武汉体育学院学报，2013（5）．

［97］项宇琼．健身气功干预慢性腰痛的原理与实证研究［D］．南昌：江西师范大学，2019．

［98］肖参参．健身气功·大舞对2型糖尿病患者步态的影响研究［D］．沈阳：辽宁师范大学，2021．

［99］谢新峰．新时代学生思想政治教育目标系统构建研究［D］．长春：东北师范大学，2019．

［100］邢大宁，赵启兰，宋志刚．基于云生态的物流信息平台服务模式创新研究［J］．商业经济与管理，2016（8）．

［101］徐宗元．帝王世家辑存［M］．北京：中华书局，1964．

［102］许良．技术哲学［M］．上海：复旦大学出版社，2004．

［103］颜芬．中国传统体育养生与西方现代体育健身的比较研究［D］．武汉：武汉体育学院，2020．

［104］杨春．峨眉武术文化资源的创造性转化与创新性发展研究［D］．成都：成都体育学院，2021．

［105］杨光．健身气功·六字诀对肝火亢盛型高血压患者的影响研究［D］．郑州：河南大学，2017．

［106］杨梅．中国传统体育对外宣传翻译的原则——以中国健身气功对外宣传册的英文翻译为例［J］．武汉体育学院学报，2007，41（5）．

［107］杨若冰．1959—2019年竞技武术套路比赛服装变迁研究［J］．武术研究，2021，6（6）．

［108］杨子．政治、美学与资本：中国戏剧节庆的演进及文化再生产［J］．戏剧艺术，2022（4）．

［109］姚晓婷．华阴老腔的传承与创新——以《华阴老腔一声喊》为例［J］．交响（西安音乐学院学报），2021，40（3）．

［110］尹海立．传统体育社团参与社区健康促进的集体行动机制研究［M］．北京：中国社会科学出版社，2021．

［111］于海滨，李静．闽南传统武术服饰的文化解读［J］．泉州师范学院学报，2012，30（2）．

［112］俞佳佳．健身气功导引养生功十二法对高血压患者血液流变性的干预研究［D］．北京：北京体育大学，2018.

［113］虞定海，牛爱军．健身气功在构建上海市多元化社区体育服务体系中的作用［J］．上海体育学院学报，2006（3）．

［114］苑朝霞．健身气功·五禽戏对60－69岁老年人心血管和呼吸机能的影响［D］．济南：山东体育学院，2011.

［115］詹勤．神灵与祭祀［M］．南京：江苏古籍出版社，1992.

［116］张斌，袁跃，张庆武．论中国传统体育养生文化的现代社会效用［J］．吉林体育学院学报，2005（4）．

［117］张岱年，方克立．中国文化概论［M］．北京：北京师范大学出版社，2023.

［118］张岱年．中国文化发展的道路［M］．北京：华文出版社，1998.

［119］张昊，陈竹意．传统壁画的创造性转化与创新性发展研究［J］．艺术研究，2021（3）．

［120］张津宁．医学院校开展传统体育养生学的必要性分析［J］．中国西部科技，2014，13（7）．

［121］张小沛，戴健，张瑞林．社区公共体育服务精细化治理：科学内涵、创新动力与现实路向［J］．体育学刊，2021，28（5）．

［122］张鑫玉．健身气功大舞对改善中老年亚健康状况的实验研究［D］．沈阳：沈阳体育学院，2014.

［123］张雪峰，冯艳琼．国家级传统体育、游艺与杂技类非物质文化遗产传承方式研究［J］．科教导刊，2010（2）．

［124］张耀庭．尊重科学 发展气功事业［J］．中国气功科学，1995（9）．

［125］张意爽．农村中小学教师培训质量提升对策研究［D］．石

家庄：河北经贸大学，2021.

［126］张兆志．中国气功大论战［M］．北京：人民体育出版社，1994.

［127］章文春，邵文祥，张敬文，邱烈泽，任建坤．人体之气太赫兹波特征的研究［A］．世界医学气功学会．世界医学气功学会第九届学术交流会议论文集［C］．北京：世界医学气功学会，2016.

［128］赵蓉英，许丽敏．文献计量学发展演进与研究前沿的知识图谱探析［J］．中国图书馆学报，2010，36（5）.

［129］赵文楠，张美玲．论传统体育养生文化在现代社会中的作用［C］．《西部体育研究》编辑部，2011.

［130］钟爽川．健身气功八段锦对亚健康的调节作用研究［D］．北京：北京体育大学，2009.

［131］周红宇．高校科研成果转化策略研究［J］．现代商贸工业，2016，37（11）.

［132］周小青．健身气功·八段锦对中老年人身体形态、生理机能及血脂的影响［D］．北京：北京体育大学，2003.

［133］周兴旺．文明大趋势［M］．北京：光明日报出版社，2023.

［134］Shirley S M Fong，Shamay S M Ng，WS Luk. Effects of a 6 – month Tai Chi Qigong program on arterial hemodynamics and functional aerobic capacity in survivors of nasopharyngeal cancer［J］. Cancer Surviv，2014，8（4）.

［135］Carla Pinheiro Lopes，Luiz Claudio Danzmann，Ruy Silveira Moraes et al. Yoga and breathing technique training in patients with heart failure and preserved ejection fraction：study protocol for a randomized clinical trial［J］. Trials，2018，19（1）.

［136］Tzu-Yun Chuang，Mei-Ling Yeh，Yu-Chu Chung. A nurse facilitated mind-body interactive exercise（Chan-Chuang qigong）improves the health status of non – Hodgkin lymphoma patients receiving chemoth erapy：

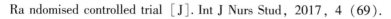

Ra ndomised controlled trial [J]. Int J Nurs Stud, 2017, 4 (69).

[137] Zhang, Fan. Construction of Humanistic Quality Education System of Competitive Sports Reserve Talents in China [M]. International Conference on Management, Education and Social Science, 2017.

[138] K P Leung, T Yan, L S Li. Intracerebral haemorrhage and Qigong [J]. Hong Kong Med J, 2001, 7 (3): 315.

[139] Yang W, Lu J, Weng J, et al. Prevalence of diabetes among men and women in China [J]. N Engl J Med, 2010, 362 (12).

[140] Qing Wu, Lin Liu, Xin Jiang et al. Yao-Yao Hu. Effect of voluntary breathing exercises on stable coronary artery disease in heart rate variability and rate-pressure product: A study protocol for a single-blind, pros active, randomized controlled trial [J]. Trials, 2020, 21 (1).

附录A　中国传统体育养生文化创新性发展二级指标构建第一轮专家函询表

敬爱的专家老师：

您好！首先十分感谢您能够在百忙之中抽出时间来帮助我填写此次问卷。我是××大学体育学院教师王艳红，目前正在进行教育部人文社会科学研究项目的阶段性研究——《新时代中国传统体育养生文化创新性发展研究》，因文章研究的实际需要，设计了本调查问卷，旨在通过集合中国传统体育养生的专家，进而获取中国传统体育养生文化创新性发展的二级指标。预计将进行2~3轮的专家函询，此为第1轮专家函询。您的意见将对本次研究起到重要的指导作用，请您在阅读完指导语后，根据自身真实情况进行作答，答案没有对错之分。本人承诺对您填写的信息进行绝对保密，仅作为个人研究之需，故此，您不用有任何的后顾之忧，再次感谢您对我工作的支持与指导。

填写说明：

1. 在填写前，请您先详细阅读相关背景资料和填写说明。

2. 在各指标选项中，指标越重要，其代表性越好，也更能够直观地体现中国传统体育养生文化的创新性发展中该指标的重要性。

3. 根据您的判断，对每一指标的重要性程度进行五级评价，在相应的空格内划上“√”。指标重要性等级分为“非常合适、合适、一般、不合适、非常不合适”5个等级。

指标	非常合适	合适	一般	不合适	非常不合适
体育物质					
体育制度					
体育精神					
技术动作					
书籍材料					
音像材料					
背景音乐					
服装元素					
电子产品					
人才培养范围					
课程培训标准					
组织机构的规章制度					
体育主管部门组织管理					
等级考核制度					
竞赛规则					
科学研究实证					
养生理念					

附录B　中国传统体育养生文化创新性发展三级指标构建第一轮专家函询表

敬爱的专家老师：

您好！首先十分感谢您能够在百忙之中抽出时间来帮助我填写此次问卷。我是××大学体育学院教师王艳红，目前正在进行教育部人文社会科学研究项目的阶段性研究——《新时代中国传统体育养生文化创新性发展研究》，因文章研究的实际需要，设计了本调查问卷，旨在通过集合中国传统体育养生的专家，进而获取中国传统体育养生文化创新性发展的三级指标。预计将进行2～3轮的专家函询，此为第1轮专家函询。您的意见将对本次研究起到重要的指导作用，请您在阅读完指导语后，根据自身真实情况进行作答，答案没有对错之分。本人承诺对您填写的信息进行绝对保密，仅作为个人研究之需，故此，您不用有任何的后顾之忧，再次感谢您对我工作的支持与指导。

填写说明：

1. 在填写前，请您先详细阅读相关背景资料和填写说明。

2. 在各指标选项中，指标越重要，其代表性越好，也更能够直观地体现中国传统体育养生文化的创新性发展中该指标的重要性。

3. 根据您的判断，对每一指标的重要性程度进行五级评价，在相应的空格内划上"√"。指标重要性等级分为"非常合适、合适、一般、不合适、非常不合适"5个等级。

指标	非常合适	合适	一般	不合适	非常不合适
运动处方					
专人化定制					
适用性					
编创新动作					
趣味性					
形神兼练					
实用性					
科普性					
年轻化教学					
注意年龄阶段					
书籍译文统一					
书籍种类增多					
增设盲文书籍					
媒体矩阵					
传播材料规范化、标准化					
数字化教学					
增加人体结构动态认识					
专门的传统体育养生 App					
电子佩戴设备					
VR 眼镜、AR 眼镜					
结合五音疗法					
融合民族特色					
体现现代元素					
融入自然声响					
符合项目特色					
国际化发展					
凸显地域特色					
结合现代元素					
符合项目特点					

续表

指标	非常合适	合适	一般	不合适	非常不合适
产学研用融合					
课程结构合理					
培训涵盖人群					
培训覆盖范围					
人才流动					
老中青教练员、裁判员衔接					
专业化人才培养					
各级单位的规章制度明确					
加大社会体育主管部门管理和组织力度					
等级考核制度					
竞赛规则更新					
室内运动场地					
基层推广普及					
深化理论阐释					
加强实证工作					
理论与实证结合					
宣传体育养生理念					
跨学科融合					
注意统一思想					
注重传统体育养生的德育					

附录C　中国传统体育养生文化创新性发展题项设计第二轮专家函询表

敬爱的专家老师：

您好！首先十分感谢您能够在百忙之中抽出时间来帮助我填写此次问卷。我是××大学体育学院教师王艳红，目前正在进行教育部人文社会科学研究项目的阶段性研究——《新时代中国传统体育养生文化创新性发展研究》，因文章研究的实际需要，设计了本调查问卷，旨在通过集合中国传统体育养生的专家，进而获取中国传统体育养生文化创新性发展的各级条目。预计将进行2~3轮的专家函询，此为第2轮专家函询。您的意见将对本次研究起到重要的指导作用，请您在阅读完指导语后，根据自身真实情况进行作答，答案没有对错之分。本人承诺对您填写的信息进行绝对保密，仅作为个人研究之需，故此，您不用有任何的后顾之忧，再次感谢您对我工作的支持与指导。

填写说明：

1. 在填写前，请您先详细阅读相关背景资料和填写说明。

2. 在各指标选项中，指标越重要，其代表性越好，也更能够直观地体现中国传统体育养生文化的创新性发展中该指标的重要性。

3. 根据您的判断，对每一指标的重要性程度进行五级评价，在相应的空格内划上“√”。指标重要性等级分为“非常合适、合适、一般、不合适、非常不合适”5个等级。

题项	非常合适	合适	一般	不合适	非常不合适
有没有必要结合运动处方进行开发					
有没有必要针对不同人群进行开发					
有没有必要挖掘、编创新动作					
有没有必要官方书籍、音像材料进行创新与补充					
应如何将媒体矩阵的影响作用进一步规范、扩大化					
服装的风格与款式发展方向如何					
背景音乐的编创可以考虑的发展角度					
您平时对于相关的科技产品、App使用情况如何					
中国传统体育养生文化科技产品的发展前景如何					
目前中国传统体育养生的人才培养模式如何					
目前的人才分布结构是否合理					
应如何促进人才的横向流动					
应如何扩大人才培养的覆盖范围					
是否需要设置专职的培训、宣传团队					
如何对各种等级考核机制进行改革					
应如何加大与其他部门的联动工作					
应在哪些方面改进竞赛规则					
应该如何改进组织管理部门的规章制度					
在中国传统体育养生文化理论阐释方面可以如何发展					
还有哪些需要注意以及改进的方面					

附录D 《新时代中国传统体育养生文化创新性发展研究》调查问卷

尊敬的老师：

您好！我是××大学体育学院的教师王艳红，目前正在进行教育部人文社会科学研究项目的阶段性研究——《新时代中国传统体育养生文化创新性发展研究》，本问卷调查旨在了解中国传统体育养生文化在新时代的发展趋势。问卷采用匿名的形式进行填写，答案没有对错之分，贵在真实客观，所涉问题及结果仅供论文研究使用，十分感谢您在百忙之中抽出时间填写问卷。

一、基础信息

1. 您的单位：

A. 高等院校体育院系

B. 高等院校医学院系

C. 中医或气功研究所

D. 体育管理部门

E. 医疗机构或其他企业单位

F. 其他______________

2. 您的年龄：______________岁

3. 您的学历为：

A. 专科及以下

B. 本科

C. 硕士研究生

D. 博士研究生

4. 您接触该领域的时长（年）：

A. 0～5 年

B. 6～10 年

C. 11～15 年

D. 16～20 年

E. 20 年以上

5. 如您有该领域的医师资格证，您的证书最高等级为：

A. 无

B. 执业助理医师

C. 执业医师

D. 初级专业技术职称资格证

E. 中级专业技术职称资格证

6. 如您有该领域的相关裁判证，裁判证书的最高等级为：

A. 无

B. 二级

C. 一级

D. 国家级

E. 国际级

7. 如您有社会体育指导员证，社会体育指导员证书的最高等级为：

A. 无

B. 二级

C. 一级

D. 国家级

E. 国际级

8. 如您有该领域的相关教练员证，教练员证书的最高等级为：

A. 无

B. 助理教练

C. 三级

D. 二级

E. 一级

F. 国家级

9. 如您有该领域的相关段位证，段位证书的最高等级为：

A. 无

B. 1 ~3 段

C. 4 ~6 段

D. 7 ~9 段

二、物质层面

10. 您认为中国传统体育养生文化目前在国内的传承、推广现状如何？（单选）

A. 非常好

B. 比较好

C. 一般

D. 比较差

E. 非常差

11. 为促进中国传统体育养生文化深度发展，您认为还应该从哪些维度进行创新？（多选）

A. 技术动作

B. 书籍和音像材料

C. 背景音乐

D. 服装

E. 科技开发

F. 人才培养模式

G. 组织管理

H. 竞赛规则

I. 科学研究与养生理念

J. 其他______________

（一）技术动作

12. 在技术动作创新方面，您认为有没有必要结合运动处方进行针对性开发（如帕金方、降压方等）？（单选）

A. 十分有必要

B. 有必要

C. 比较有必要

D. 没必要

E. 完全没必要

13. 在技术动作创新方面，您认为有没有必要针对不同人群开发不同技术动作？（单选）

A. 十分有必要

B. 有必要

C. 比较有必要

D. 没必要

E. 完全没必要

（二）书籍音像制品

14. 您认为有没有必要对国家体育部门出版的书籍和音像制品进行创新与补充？（单选）

A. 十分有必要

B. 比较有必要

C. 一般

D. 比较没必要

E. 完全没必要

（三）服装

15. 随着不断发展，您认为民族传统体育项目的服装应该从以下哪几个方面进行创新？（多选）

A. 继承传统，凸显地域风采

B. 回归本真，符合项目特色

C. 观念创新，接轨国际思想

D. 科技创新，结合科技元素

E. 其他______________

（四）音乐

16. 您认为中国传统体育养生项目背景音乐的编创应从以下哪几个方面进行创新？（多选）

A. 结合中医，体现五音疗疾

B. 继承传统，突出民族特色

C. 创新发展，结合现代元素

D. 回归本真，符合项目特点

E. 其他______________

（五）科技开发

17. 您有没有使用过中国传统体育养生项目的专业佩戴设备以及涵盖相关项目的 App？（单选）

A. 总是

B. 经常

C. 偶尔

D. 几乎没有

E. 从来没有

18. 您认为目前关于中国传统体育养生文化的专业佩戴设备以及 App 的开发市场前景如何？（单选）

A. 十分广阔

B. 比较广阔

C. 一般

D. 几乎不行

E. 完全不行

（六）人才培养模式

19. 您认为目前中国传统体育养生方面的人才培养模式存在哪些问题？（多选）

A. 重体轻“文”，文化内涵培训较少

B. 产学研融合相对较薄弱

C. 培训课程定位不准确

D. 培训人群覆盖不全面

E. 其他______________

20. 您认为现在传统体育养生的人才分布情况在城市和乡村是否均衡？（单选）

A. 十分均衡

B. 均衡

C. 一般

D. 失衡

E. 十分失衡

21. 既有失衡现象，您认为在人才培养方面如何促进中国传统体育养生文化的乡村化？（多选）

A. 加大乡村人才培养力度

B. 拓宽乡村人才培训渠道

C. 定期举办城、乡经验交流活动

D. 设置岗位置换，促进人才横向流动

E. 体育管理部门增设相关福利政策

F. 其他______________

22. 您认为在中国传统体育养生文化的培养工作中，应该加大以下哪类人群的培养力度？（多选）

A. 医护人员

B. 高校学生

C. 社会体育指导员

D. 运动处方师

E. 援外教练员

F. 其他______________

23. 现在中国传统体育养生文化培训、宣传团队成员多为兼职，您认为有没有必要将兼职队伍转化为专职队伍？（单选）

A. 非常有必要

B. 有必要

C. 比较有必要

D. 没必要

E. 完全没必要

三、制度层面

（一）对内管理

24. 为促进中国传统体育养生文化的创新性发展，您认为应该对以下哪些考核机制进行改革与创新？（多选）

A. 教练员证

B. 社会体育指导员证

C. 裁判员证

D. 段位证

E. 运动员证

F. 其他______________

（二）对外联动

25. 您认为有没有必要持续加大并深化体育主管部门与其他部门的联动工作？（单选）

A. 非常有必要

B. 比较有必要

C. 一般

D. 比较没必要

E. 完全没必要

（三）竞赛规则

26. 您认为今后传统体育养生竞赛规则的改革创新最应该考虑以下哪个方面？（单选）

A. 竞技性，动作的“高难美新”

B. 观赏性，动作的艺术美

C. 标准性，动作的技术规范

D. 创新性，追随时代潮流

E. 其他______________

四、精神层面

27. 为推动中国传统体育养生文化的创新性发展，您认为我们应该从哪些方面入手？（多选）

A. 深化理论阐释

B. 加强实证研究

C. 中正客观评价

D. 科学专业指导

E. 其他______________

28. “运动是良医”“太极是良药”，您认为发挥良医和良药的作用还有哪些不可缺少的因素？（多选）

A. 合理的饮食

B. 长期坚持的锻炼

C. 规律的作息

D. 良好的心态

E. 其他______________

29. 在中国传统体育养生文化的创新性发展过程中，您认为还应注意什么？

____

附录E　新时代中国传统体育养生文化创新性发展研究访谈提纲

一、访谈对象

中国传统体育养生功法创编人及相关专家学者、政府体育管理部门的行政人员等。

二、访谈目的

通过访谈对中国传统体育养生文化的发展现状形成一个更整体、全面的了解，对其今后的发展趋势形成初步的认识。

三、访谈内容

1. 您认为目前中国传统体育养生文化的发展还存在哪些不足或阻碍？

2. 您认为中国传统体育养生文化有哪些可供其发展的优秀资源？

3. 请您谈谈现阶段中国传统体育养生文化进行创新性发展的进展如何？

4. 请您谈谈今后中国传统体育养生文化的发展方向如何？

5. 您对本研究有什么建议？